日米同盟の地政学

「5つの死角」を問い直す

千々和泰明

新潮選書

はじめに

中高生のころ、歴史のテストで妙に引っかかった出題があった。

ポツダム宣言は誰の名前で出されたか、という問いである。

ポツダム宣言とは、第二次世界大戦末期の一九四五年七月二六日に、連合国が日本に対して発した降伏勧告だ。連合国と戦った日独伊三国同盟のうち、すでに一九四三年にイタリアが降伏し、ドイツも一九四五年五月に降伏したので、残るは日本だけとなっていた。そこで連合国首脳が占領下ドイツの首都ベルリン郊外のポツダムに集まり、対日宣言がとりまとめられた。

だが日本はポツダム宣言をただちには受諾しなかった。結局八月六日と九日のアメリカによる広島・長崎への核兵器使用と、九日未明のソ連（現・ロシア）による対日参戦を経て、日本は一四日になってポツダム宣言を受諾し、そのことを翌一五日に昭和天皇が玉音放送で国民に発表した。

ポツダム宣言が誰の名前で出されたかという問題になぜ引っかかりを覚えたかというと、ポツダム会談の参加者と、ポツダム宣言の署名者が一致しないからである。

ポツダム会談に参加した連合国首脳は誰か、という問題がテストで出題されれば、アメリカ大統領のトルーマン、イギリス首相であるチャーチルおよびポツダム会談中にチャーチルと交代したアトリー、そしてソ連の最高指導者スターリン、と答えるとマルをもらえる。

ところが、ポツダム宣言が誰の名前で出されたかという問題には、トルーマン、チャーチル（アトリーではない）に加えて、中国（当時は中華民国）総統の蔣介石《しょうかいせき》、と答えなければならない。なお蔣介石はポツダムには来ておらず、トルーマンが本人の同意を得て署名を代筆した。

つまり連合国首脳のうち、スターリンは、ポツダム会談に参加したにもかかわらず、肝心のポツダム宣言には署名していないということになる。なんともモヤモヤした話ではないだろうか。

なぜポツダム宣言にはスターリンの署名がないのか。それは当時日本とソ連は日ソ中立条約を結んでいたからだ。と、受験の参考書に書いてあったのか先生に教えてもらったのかは憶えていない。日ソ中立条約は、日本とソ連がお互いに相手を攻めないことを約束したものであり、日米開戦前の一九四一年四月に結ばれ、本来なら一九四六年四月まで有効のはずであった。

正直、日ソ中立条約を理由とした説明には、納得感が得られなかった。スターリンが日ソ中立条約に遠慮してポツダム宣言に署名しなかったとされることと、わずか二週間後に平然と同条約を破ることが、子供ながらにもなんとなくつじつまが合わないように感じられたからである。だが、中高生といっても人並みに忙しく、ポツダム宣言にスターリンの署名がない謎についてそれ以上掘り下げて考える余裕はないと無意識に判断して、モヤモヤ感を放置したまま時は過ぎた。

その後、ポツダム宣言の成立過程を調べた時には、すでにポスドク（博士号取得直後から正規の職に就くまでの任期付き研究者）になっていた。不勉強を恥じるしかない。

それはともかく、調べてみて分かったのは、実はスターリン本人はポツダム宣言に署名するつもりだった、という奇妙な事実であった。

なぜポツダム宣言にはスターリンの署名がないのか

ポツダム会談の約五か月前、一九四五年二月に、当時のソ連領クリミア半島のヤルタでやはり連合国首脳が集まって会談をおこなっている。この時のアメリカ大統領はフランクリン・ローズヴェルトである。同年四月にローズヴェルトが急死したので、副大統領であったトルーマンが急遽大統領に昇格し、次のポツダム会談に臨むことになる。

ヤルタでローズヴェルトとスターリンは、恐るべき密約を交わしていた。それはドイツ降伏から数えて二～三か月後に、ソ連は対日参戦する、そしてその代わり日本領千島列島などはソ連に引き渡される、という、日本にとって悪夢のような大国間の密約であった。いわゆる「ヤルタ密約」である。

実際にドイツが五月七日に降伏してから約三か月後の八月九日、ソ連はヤルタ密約通りに対日参戦する。ソ連軍は、多くの日本人居留民が暮らしていた中国東北部の満州に突如雪崩を打って攻め込んできた。これにより、日本の敗戦は決定的なものになっただけでなく、生じた犠牲は凄惨なものであった。ソ連の攻撃を受け、日本の軍人約八万人と民間人約二五万人が死亡し、戦後も日本軍捕虜約五七万人がシベリアに抑留され、そのうち一〇万人以上が故国の土を踏むことなく死亡した。千島列島は奪われ、日本固有の領土である北方領土は今なおロシアによって占拠されたままとなっている。

スターリンがポツダム宣言に署名するつもりであったのは、それによって、戦利品目当ての対日参戦を正当化できるからであった。[1]

ソ連は、連合国、すなわち国際社会からの招きによって、日本軍国主義に鉄槌を下す。もはやその時点では、連合国は国際社会と言い換えてもよかった。そのような大義の前に、やむをえず日ソ中立条約を破棄するのである。他の連合国首脳と並んでスターリンの署名が入った対日宣言こそ、そうした主張のまがうことなき根拠になる。スターリンは、日ソ中立条約があるからポツダム宣言に署名しなかったのではなく、日ソ中立条約があるからこそ、ポツダム宣言に署名する必要が本来あったのだ。

ところがアメリカは、ソ連に事前に相談することなく、そしてスターリンに署名するいとまを与えないまま、ポツダム宣言を勝手に発表してしまったのである。

スターリンに随行していたソ連外相ヴャチェスラフ・モロトフは激怒し、アメリカのジェームズ・バーンズ国務長官に詰め寄った。これに対しバーンズは、ソ連と日本は戦争状態にないから、ソ連をポツダム宣言に関わらせることで「貴国に迷惑をかけたくなかった」と釈明した。[2]

だがバーンズの釈明は不可解である。アメリカは真珠湾攻撃以降、ソ連に対日参戦を要請し続けてきたからである。日本と戦うアメリカにとって、ソ連が日本を背後から突いてくれれば、アメリカの人的・物的損耗を軽減できる。それにもかかわらず、アメリカの望み通りいよいよソ連の対日参戦が実現しようという段になって、アメリカはソ連を袖にしたことになる。

実は、ソ連参戦についてはアメリカにも迷いがあった。ソ連の対日参戦とはある意味で麻薬のようなもので、それによってアメリカ側の犠牲を軽減できる代わりに、戦後東アジアにおけるソ連の影響力増大を受け入れなければならないという大きな代償を支払わされる。ソ連参戦なしに、日本を降伏させることができるのであれば、それに越したことはないはずである。そしてアメリカはポツダム宣言を発する一〇日前の時点で、それが可能になると思えるようなオプションを手にしていた。原爆が完成したのだ。

今や原爆を手にしたアメリカによる、ソ連に迷惑をかけたくないなどという釈明は、まったくのおためごかしにすぎなかった。一方のソ連も、アメリカに遅れをとらじと、対日参戦予定日時を繰り上げた。[3]

日本の願望と都合を優先

こうした、まさに生き馬の目を抜くような厳しい国際政治の現実を知らないまま、ポツダム宣言にスターリンの署名がないことに安堵したのが、ほかならぬ日本であった。

当時日本は連合国が要求する無条件降伏を拒否し、少しでも日本に有利な妥協的和平を勝ち取ろうとしていた。そのために本土決戦に備えつつも、軍事的勝利の見通しが立たないことから、ソ連の力に頼み、連合国側からの譲歩を、ソ連の仲介によって得ることに最後の希望を見出していた。

こうした情勢下で日本は、ポツダム宣言にスターリンの署名がないことを、ソ連が日本に好意的な証しだと自分たちに都合のいいように解釈してしまった。[4] そのためポツダム宣言の即時受諾を決断できず、日本の仲介要請に対し決して来ることのないソ連からのイエスの返事を待つのにかけがえのない時間を空費することになる。

そもそもソ連仲介策自体、当時の国際政治を冷静に観察したうえで、合理的かつ蓋然性の高い政策だとみなされて採用された、というわけではなかった。ソ連仲介策以外に、強硬な陸軍も含め、日本国内でコンセンサス（合意）が得られる政策が存在しなかった、というのが実情だった。大日本帝国憲法が採用していたのは分権的な政治システムで、総理大臣はリーダーシップを発揮できず、軍部が反対すれば内閣すら倒されえた。そのような政治システムの下では、誰からも反対されない政策しか採用できなかったのである。

だが、連合国との妥協的和平に向けてソ連が仲介の労をとってくれるのではないかという日本側の願望も、またソ連仲介策のように国内的なコンセンサスを得られる政策しか採用しえないという日本側の都合も、厳しい現実の前にはまったくの無力であった。その先に待っていた破滅的な結末は、今となっては誰もが知るところだ。

現実の国際政治と日本側の視点のギャップ、そしてそのことが生んだ悲劇こそ、私たちが歴史の授業でしっかりと学ばなければならないことではないだろうか。歴史のテストで出題されるべきなのは、ポツダム宣言に誰が署名したかではなく、誰が署名しなかったかなのだ。

日米同盟をめぐる「日本的視点」と「第三者的視点」

日米同盟をテーマとする本書の冒頭でなぜこの話をしたかというと、結局のところ戦後日本は、おびただしい犠牲と引き換えに得たこの時の教訓を、未だに十分に生かしきれていないのではないか、と感じられるからである。

戦後日本は、安全保障の基軸を日米同盟にすえた。

ヤルタ会談で連合国が思い描いていた戦後構想とは、アメリカとソ連の協調の下で、ドイツと日本が二度と国際平和を乱さないように厳しく監視していくというものであった(「ヤルタ体制」)。こうした戦後構想にもとづき、アメリカは非軍事化と民主化を基調とする日本占領政策を展開する。ところがやがて戦勝国同士が割れ、アメリカとソ連のあいだで冷戦が始まる。するとアメリカはそれまでのヤルタ体制的な戦後構想を一八〇度転換させ、日本を自分たちの西側陣営に引き入れようとする。一方、非武装化された日本も、講和後の自国の安全を、アメリカ軍の日本駐留によって確保しようとした。

日米同盟の根拠となっている日米安全保障条約は、一九五一年九月八日にサンフランシスコ講和条約とほぼ同時に署名され、その後一九六〇年一月一九日に改定されて、今日に至っている。日米同盟は、同条約を中心として、様々な制度や法律などの仕組み、あるいは思考様式によって支えられている。

一方こうした仕組みや思考様式は、日本側の「こうあってほしい」という願望や、国内政治上の都合によってかたちづくられている側面があるといえないだろうか。日本が欲しないアメリカの戦争に巻き込まれないようにしておきたい。日本によるアメリカへの軍事的な協力は最低限にとどめたい。日米同盟によって戦争を抑止することが第一なので、万が一抑止が破れたあとのことまでは考えない。

このような日本側の願望や都合にもとづく視点を、本書では「日本的視点」と呼ぶ。日本的視点が生じるのには、主に二つの背景があると考えられる。

第一に、「一国平和主義」である。一国平和主義とは、日本と日本以外のあいだで線引きができる、との前提に立ち、日本の責任と関与は前者のみに限定すべきだ、とする戦後日本独特の安全保障観である。たとえば、「日本が戦争に巻き込まれなければそれでいい」とする考え方がこれにあたる。

第二に、「必要最小限論」という憲法解釈である。よく知られる通り、憲法第九条は「戦力」の不保持を規定している。その下で自衛隊のような実力を保持するためには、自衛隊が「戦力」でないといえなければならない。そこで、自衛隊は「自衛のための必要最小限の実力」であって「戦力」ではないため、憲法違反ではない、と公式に解釈されている。これが必要最小限論である。

この解釈に従えば、自衛のための実力は保持できるとしても、必ずどこかで「ここより内側が必要最小限」という「一線」を引かなければならないことになる。典型的なのは、国際法上認められる自衛権のうち、自国への攻撃に対する自衛権である「個別的自衛権」と、自国と密接な関係にある他国への攻撃に対する自衛権である「集団的自衛権」のちがいを、「必要最小限」という概念とひもづけ、集団的自衛権の行使は必要最小限を超えるので憲法違反とみなす解釈である。

だがこうした背景から生じてくる日本的視点は、必ずしも安全保障の現実と整合しているとは限らない。

たとえば、アメリカ軍が日本の基地から朝鮮有事に直接軍事介入するような場合、アメリカは日本政府と事前に協議しなければならない仕組みがある。日本が日本と関係のないアメリカの戦争に巻き込まれないようにしておくためであるとされる。

ところが実際には、事前協議をバイパスできる日米両政府間の「密約」が存在していたことが明らかになっている。日本が事前協議でアメリカ側の要請を拒否するなどすれば、アメリカによる韓国防衛が成立しなくなるおそれがあるからである。

日米同盟に批判的な論者は、こうした実態を「欺瞞」だとして厳しく非難する。たしかにこれは一面において正しい。

ただ、こうした批判は、ある意味で問題の矮小化になってしまっているともいえる。日本を取り巻く安全保障環境が厳しさを増すなか、日本的視点にこだわり、このような視点に現実を従わせることがますますできにくくなってきているからである。先の例で言えば、日本が事前協議でノーの立場をとってアメリカによる韓国防衛が成立しなければ、結局日本自身の安全も脅かされるだろう。

そこで、日米同盟の抑止力を高め、平和を維持するために、「第三者的視点」を取り入れる必要がある。

日本的視点が、日本側の願望や都合に依拠するものであるのに対し、第三者的視点とは、日本以外の国ぐにの見方も踏まえつつ、現状を歴史的背景あるいは地域全体のなかに置いて俯瞰《ふかん》する見方である。戦略的・地政学的視点ともいえるし、あるいはもう少しかみくだいて言えば、「岡《おか》目八目《めはちもく》」的な物の見方ということになる。囲碁では対局中の当事者よりも、はたで見ている者の方が八目先まで見通せるといわれる。

本書は、日本的視点でかたちづくられ、あるいは評価されてきた日米同盟をめぐる仕組みや思考様式を、第三者的視点から点検していくものである。八目先まで見通すことは容易ではないが、それでも日本的視点と安全保障の現実とのギャップをあぶり出し、そのようなギャップを埋めていく努力に寄与することを目的としたい。

基地使用・部隊運用・事態対処・出口戦略・拡大抑止

もっとも、日米同盟を戦略的・地政学的視点から点検していくといっても、それだけではとりとめもない。そこで本書は、日米同盟という主題を五つの分野に分け、比較的利用しやすい史料や最新の研究などを踏まえながら、それらを章ごとに見ていきたい。

第1章では「基地使用」について検討する。日米安保条約はまずもって、アメリカによる日本防衛義務に対する「日本によるアメリカ軍への基地提供義務」を定めるものである。アメリカ軍による日本の基地の使用こそ、日米同盟の中核であるといっても過言ではない。この章では特に、アメリカ軍が日本有事のみならず、朝鮮有事など「極東」有事で日本の基地を使用できることに着目し、ここから日本的視点と安全保障の現実とのギャップを示す。

続いて第2章では、「部隊運用」を取り上げる。日米安保条約は、アメリカ軍による日本の基地の使用のみならず、日米両国が「共通の危険に対処するように行動する」とも宣言している。

またそのための指針として、「ガイドライン」（「日米防衛協力のための指針」）が定められている。ここでは同盟国間での部隊運用の要となる指揮権調整に焦点を当て、これを極東地域全体におけるアメリカ軍の指揮体系のなかに位置づける視点を提示する。

以上の章で見るのが、条約の規定やその下での指針という、日米同盟のいわば「静的」な面であるとすれば、第3章では「動的」な面、すなわち実際の有事への対応である「事態対処」を扱う。そして「極東有事」、「重要影響事態」、「存立危機事態」、「武力攻撃事態」というようにタイプ分けされているそれぞれの事態への対処の仕組みを概観しながら、そこに第三者的視点を交えることで、課題となる点を洗い出していく。

第4章では、第3章で扱った事態対処のスピンオフとして、「出口戦略」を考察する。第3章のトピックは有事の「始まり方」についてのものであるが、その「終わり方」はどのように考えればよいのかを、戦争終結論の視座から検討する。

最後に、第5章では、日本的視点と安全保障の現実とのギャップが極限まで大きいといっていい分野、すなわち核兵器による「拡大抑止」について取り上げる。核をめぐっては日本の国是ともいえる「非核三原則」が存在するが、この章では非核三原則というより、アメリカの核戦略にもとづく拡大抑止の全体像のなかで、日米同盟における核の位置づけを考えていく。

このように本書は日米同盟に関する一般的な概説・歴史書とは異なる構成となっている。条約の規定やその下での指針、出口を含む実際の有事への対応、そして最高レベルの保証である核抑止から成る五つの重要分野からアプローチし、戦後日本がこれまで見ないですませてきたといえる「死角」に光を当てることで、日米同盟の姿をよりよく理解できると考えるからである。

「地政学的競争」の時代に平和を守る

二〇二二年一二月一六日、日本では「国家安全保障戦略」「国家防衛戦略」「防衛力整備計画」から成る「安保三文書」が新たに策定された。この二〇二二年安保三文書は、同年二月二四日に始まったロシアによるウクライナ侵略や、近年の中国による覇権主義的行動など、力による一方的な現状変更がまかり通る現在を「地政学的競争」の時代と位置づける。

地政学とは、国際政治を地理的条件から分析することを指す。日本は朝鮮半島や台湾海峡といった潜在的な紛争の発火点や、軍事的に台頭する中国のすぐそばにあるという地理的条件からは逃れられないため、地政学的競争の激化は日本の安全保障や日米同盟の在り方に直結する。日米同盟をめぐって地政学的な視点に立った議論は、アメリカや韓国の日本研究者のあいだでも近年活発化している。[5]

こうしたなか岸田文雄総理は二〇二三年一月一三日にワシントンでおこなった講演で、安保三文書改定を、吉田茂総理による日米安保条約の締結、岸信介総理による一九六〇年安保改定、安倍晋三総理による平和安全法制制定（二〇一五年九月一九日。限定的な集団的自衛権行使を容認した）と並ぶ、日米同盟強化にとって「歴史上最も重要な決定の一つ」と語った。[6] 日米同盟は今、歴史的にも変化の節目にさしかかっているといえよう。

そうした厳しい時代において平和を守っていくために、これまで日本的視点で見ることに慣れ親しんできた私たちの「日米同盟観」そのものを、第三者的視点を踏まえたものへとバージョンアップさせていく必要がある。

第二次世界大戦末期、モスクワに駐在し、日本から物理的にも心理的にも距離を置いて情勢を眺めることができた佐藤尚武《なおたけ》駐ソ大使は一九四五年七月三〇日、ソ連仲介策にのめり込む本国に向けてこう打電した。「此の点貴方《きほう》御観察と当方面の実際とは甚だしく食違ひ居るやに見受けらる」[7]。だが、佐藤の警告が聞き入れられることはなかった。日本側の願望と都合だけで現実の国際政治の場に臨んではいけない。本書がそうしたことを考えるうえでお役に立てれば幸いである。

＊本書の内容は筆者個人の見解であり、筆者が現在所属する、またはかつて所属した機関の見解を代表するものではない。

日米同盟の地政学　「5つの死角」を問い直す　目次

日米同盟の地政学　「5つの死角」を問い直す

第1章　基地使用

東京・立川基地に到着した米軍傷兵。1950 年 10 月（写真＝時事通信フォト）

これから日米同盟をめぐる仕組みや思考様式を、第三者的視点を交えて点検していくにあたって、まずは「基地使用」の分野から見ていきたい。日米同盟は「基地同盟」ともいわれるほどに、アメリカ軍が日本の基地を使用できるとしている点が中核となっている。

旧日米安保条約締結交渉の実務を担当した外務省条約局長の西村熊雄は、この条約の建てつけを「物と人との協力」と表現した。[1]「物」とは、日本がアメリカに差し出す基地のことである。一方「人」とは、アメリカが有事において日本のために差し出すアメリカ兵のことを指す。つまりこの言葉は、日米安保条約が、「日本によるアメリカ軍への基地提供義務」と「アメリカによる日本防衛義務」の交換によって成り立っていることを端的に表しているわけである。

通常、同盟といえば、相互防衛を内容とするイメージがある。お互いにお互いを守り合う、いうなれば「人と人との協力」というかたちをとるのが普通だろう。ところが日米安保条約では、日本側の「物」が交換対象となっている。それだけ日米同盟における基地使用の比重が大きいということである。

ところが、ここで見落としてはならないことがある。それは、アメリカ軍は日本から提供を受けた基地を、日本防衛のためのみならず、「極東」有事でも使用することができるという点だ。極東有事とは、日本に対する武力攻撃、つまり日本有事は発生していないが、極東、たとえば韓国において、北朝鮮による武力攻撃が発生した場合などを指す。このことを定めているのが日米安保条約の「極東条項」である。なお極東は今日では「北東アジア」と呼ばれることが多いが、日米安保条約の条文と平仄《ひょうそく》を合わせた方が読みやすい場合は本文中でも「極東」と表記する。

日本以外の極東での有事に、アメリカ軍が日本の基地を使用できるとすることに、多くの日本人は困惑し、あるいは拒否反応を示してきた。これにより、日本と関係のない外国でのアメリカの戦争に巻き込まれることになるのではないか、と心配されたからである。

そこで導入されているのが、「事前協議」という制度である。これはアメリカ軍はいくつかの場合、たとえば極東有事において日本の基地から直接どこかを攻撃する「直接戦闘作戦行動」をとる際などには、日本政府と事前に協議しなければならないとするものである。この事前協議制度によって日本は、日米安保条約で許されている極東有事におけるアメリカ軍の日本の基地の使用に制約をかけ、日本が欲しないアメリカの戦争に巻き込まれないとしているわけだ。

こうした仕組みは、一国平和主義、すなわち日本と日本以外のあいだで線引きができるとの前提に立ち、日本の責任と関与は前者のみに限定すべきだとする安全保障観に根ざす日本的視点と無縁ではなさそうだ。

一方、事前協議制度をめぐっては、実は重大な抜け穴があった。それは日米両政府間の「密約」によって、極東有事のうち、朝鮮有事における在日米軍の直接戦闘作戦行動は事前協議の対象外になる、というものだ。

極東条項や、朝鮮有事をめぐる密約の存在は、一見不可解であるように映る。しかしながら、第三者的視点、つまり歴史的背景あるいは地域全体のなかで戦略的・地政学的に俯瞰する視点を取り入れると、日米同盟に対する見方が変わってくる。

実は日本を含む極東には、歴史的に形成された地域秩序が存在している。それは、東アジアにおける伝統的な覇権国である中国が弱体、あるいは自制的であることを前提に、日本と、日本にとって地政学上重要な朝鮮（少なくともその南部）、そして台湾が、パワーの裏づけによって同一陣営にグリップ（関係維持）されているという秩序だ。

このような地域秩序を、本書では「極東一九〇五年体制」と呼ぶ。一九〇五年に、アメリカ、イギリス、そして日露戦争（一九〇四〜〇五年）の講和条約であるポーツマス条約締結によってロシアからも承認された、国際的な枠組みに由来する地域秩序の在り方だからである。

実は「極東一九〇五年体制」は、第二次世界大戦後も維持された。ただし秩序維持のためのパワーの裏づけは、日本帝国の覇権から、アメリカによる極東防衛コミットメント（関与）へと変化した。極東のアメリカ軍兵力数は、在日米軍五万五〇〇〇・在韓米軍三万の計八万五〇〇〇に及ぶ。

そしてアメリカによる極東防衛コミットメントの土台となるのが、アジア太平洋に張りめぐらされたアメリカの同盟網のうち、日本と韓国を相手方とする同盟のまとまりであり、本書はこれについて「米日・米韓両同盟」という言い方をする。日米同盟と米韓同盟は密接な関係を持つ。日米同盟は、日米「二国間」同盟としてアメリカの他の同盟網から独立して存在しているわけではなく、むしろ現実には「米日・米韓両同盟」とでもいえる安全保障システムのなかの、一機能だと見ることもできるのだ。こうした視点に立てば、日本が極東有事とは無関係だとは言っていられなくなる。

私たちが慣れ親しんでいるのは、日本に関係のない極東有事でアメリカ軍が日本の基地を使用できるとする「理不尽な」特権を通じて、日本がアメリカの戦争に巻き込まれることがないようにし、そのためにアメリカ軍の行動に制約をかけようとする日本的視点である。このことと、日米同盟は「極東一九〇五年体制」を支える「米日・米韓両同盟」の一機能であるという第三者的視点から見えてくる現実とのあいだには、無視しえないギャップが横たわっている。

1 日米安保条約と極東

日米安保条約における「物と人との協力」

まず「物と人との協力」について、日米安保条約の実際の条文で確認しておこう。日米安保条約第五条は、「各締約国」、つまり日本とアメリカは、「日本国の施政の下にある領域における、いずれか一方」に対する武力攻撃が、「自国の平和及び安全を危うくするものであること」を認め、自国の憲法上の規定と手続きに従って「共通の危険に対処するように行動することを宣言する」としている。ここで言っているのがアメリカの日本防衛義務である。なお、日本国の施政の下にある領域における「いずれか一方」とは、日本と、これに加えて在日米軍のことを意味している。

そして第五条のアメリカによる日本防衛義務に対応するかたちで、第六条が、「日本国の安全に寄与」するため、「アメリカ合衆国は、その陸軍、空軍及び海軍が日本国において施設及び区域を使用することを許される」と規定している。「施設及び区域」とは要するに基地のことだから、同条の規定が日本によるアメリカ軍への基地提供義務を指していることは言うまでもない。

アメリカの冷戦戦略にとって、日本の基地はきわめて重要な意味を持っていた。たとえば戦後しばらくアメリカの戦略爆撃能力の主力であったB－29爆撃機の航続距離は往復で五二〇〇キロメートルが限度だったから、ソ連国内の攻撃目標から逆算してその範囲内に対ソ連用戦略爆撃基地機能を置く必要があった。イギリスなどの力を借りずにアメリカが単独で直接コントロールできる海外基地のなかでその条件を満たせるのは、世界でも日本と沖縄の基地だけであった。[2]

また日本はソ連、中国、朝鮮から発せられる超短波を受信するのに理想的な地理的位置にあり、実際にアメリカ陸軍は一九四八年ごろから東京・十条台のキャンプ王子でソ連の無線通信を傍受・解読する活動に従事していたとされる。[3]インテリジェンスの観点からも、アメリカから見て日本に基地を置く価値は高かった。

極東条項への拒否反応

ただ、ここで見落としてはならないのは、日米安保条約第六条、つまり日本によるアメリカ軍への基地提供義務を定めた条文が、アメリカ軍が日本の基地を使用する目的として、日本の安全に寄与することと並んで、「極東」における国際の平和と安全の維持に寄与することを掲げている点である。

つまりアメリカ軍は、日本に対する武力攻撃が発生していない場合であっても、極東で有事が起こった場合に日本の基地を使用できるのだ。第六条は日本によるアメリカ軍への基地提供義務について規定しているが、同時に極東有事におけるアメリカ軍による日本の基地の使用を認めるものでもあるので、同条のことを極東条項という。

日米安保条約における「極東」が具体的にどの範囲を指すかについては、一九六〇年二月二六日の日本政府統一見解で次のように示されている。「大体において、フィリピン以北並びに日本及びその周辺の地域であって、韓国及び中華民国の支配下にある地域もこれに含まれている」。このうち「中華民国の支配下にある地域」とは、現在では台湾と読み替えられている。

たとえば韓国は、この政府統一見解で示される極東の範囲内だから、仮に北朝鮮が韓国を攻撃した場合、日米安保条約でいう極東有事が生起したことになるので、アメリカ軍は同条約の極東条項にもとづいて、北朝鮮に反撃するために日本の基地を使用することができる。具体的には、三沢や嘉手納《かでな》などの在日米軍基地が、北朝鮮に対する航空攻撃を実施するための出撃拠点として使用される可能性がある。[4] その時、北朝鮮による日本に対する武力攻撃が発生しているかどうかは問題にはならない。

とすると、日米安保条約は、「もしもの時、アメリカが日本を守り、日本はアメリカ軍に日本の基地を貸す」という単純な「物と人との協力」というわけではなさそうである。アメリカが日本を守り、日本はアメリカ軍に基地を貸す、ということに加えて、「アメリカ軍は、日本の基地を極東有事の際にも使用することができる」ことまでが含まれるのだ。

たしかに日米安保条約の前文は、日米両国が「極東における国際の平和及び安全の維持に共通の関心を有する」としている。とはいえ、なぜ日本は、日本が攻撃されたわけでもないのに、極東有事の際にアメリカ軍が日本の基地を使用することを許すのだろうか。

日米安保条約の極東条項をめぐっては、日本側から多くの拒否反応が示されてきた。その代表例といえるのが、砂川事件についての一九五九年三月三〇日の第一審判決だろう。

砂川事件とは、東京都砂川町（現・立川市）の在日米軍基地拡張に反対するデモ隊の一部が逮捕された事件であり、裁判では在日米軍の合憲性が争われた。第一審判決（裁判長伊達秋雄の名前をとって「伊達判決」といわれる）は、日米安保条約の極東条項により、日本が「自国と直接関係のない武力紛争の渦中に巻き込まれ」る危険がある、とした。そしてこのことを主な理由の一つとして、在日米軍の駐留を憲法違反としたのだった（のちに最高裁判所で破棄）。

事前協議制度による制約

そうした背景から一九六〇年安保改定の際に導入されたのが、事前協議制度である。この制度は、一九六〇年一月一九日に岸信介総理とクリスチャン・ハーター米国務長官のあいだで取り交わされた「岸＝ハーター交換公文」（正式名称は「条約第六条の実施に関する交換公文」。交換公文は条約の付属文書）にもとづいている。岸＝ハーター交換公文では、アメリカ軍は日本の基地の使用に際して、いくつかの場合には日本政府と事前に協議しなければならないことが定められている。

その一つが、極東有事における「日本国から行なわれる戦闘作戦行動（中略）のための基地としての日本国内の施設及び区域の使用」である。これにより、極東有事においてアメリカ軍が日本の基地から直接どこかを攻撃する直接戦闘作戦行動をとる場合は、日本政府と事前協議をしなければならない。

極東有事における在日米軍の直接戦闘作戦行動を事前協議の対象としたのは、日米安保条約に極東条項があるからといって、アメリカ軍が日本の基地を好き勝手に使用できるわけではない、ということを明確にするためであった。日本政府が説明するように、「我が国の領域内にある米軍が、我が国の意思に反して一方的な行動をとることがないよう」にする、すなわち、事前協議を通じて日本が一定の発言権を持ち、自らが欲しないアメリカの戦争に巻き込まれないように、極東有事で許される在日米軍の行動に制約をかける、という趣旨である。[5]

なお事前協議は、日米安全保障協議委員会（SCC）の場でおこなうことが想定されている。[6] SCCは安全保障に関する日米間の協議の枠組みで、日本側から外務大臣と防衛庁長官、アメリカ側から駐日大使と太平洋軍（現・インド太平洋軍）司令官が出席した。その後一九九〇年一二月二六日にアメリカ側参加者も閣僚級に格上げされ、「2プラス2」となる。そのうえで、日本側はアメリカ側から事前協議を申し込まれた内容に対する諾否について閣議で決定し、国会に報告することになっている。ただし、これまで事前協議が実際に開催されたことはない。

なお、アメリカとフィリピンのあいだの米比相互防衛条約でも一九五九年一〇月一二日以降は事前協議制度が設けられている。ただこれには次のような背景がある。すなわちその前年の八月二三日に中国軍が台湾の金門守備隊を砲撃した第二次台湾海峡危機（一〇月五日まで）が発生した際に、当時アメリカとの同盟を介してフィリピンとつながりのあった台湾の戦闘機が、フィリピンの米軍基地を使用するという出来事が起こった[7]。つまり米比同盟における事前協議制度は、台湾軍によるフィリピンの米軍基地使用によって、フィリピンが、中国と台湾との紛争に巻き込まれることを懸念したことに端を発しており、日米安保条約のそれとは文脈を異にする。

朝鮮密約という抜け穴

ただ、このような事前協議制度が設けられているとはいえ、同制度は極東有事で許される在日米軍の行動に制約をかけるという趣旨のものであるから、事前協議制度の存在自体が「なぜ日本は、日本が攻撃されたわけでもないのに、極東有事の際にアメリカ軍が日本の基地を使用することを許すのか」という疑問への直接の答えになるわけではないだろう。

不可解なのはそれだけではない。というのも、日米安保条約の極東条項をめぐっては、秘密の約束が日米両政府間に存在したからである。

ここまで述べてきた通り、極東条項で許される極東有事におけるアメリカ軍の日本の基地からの直接戦闘作戦行動は、岸=ハーター交換公文にもとづいて日本政府との事前協議の対象となる。ところが安保改定時に日米両政府間で、極東有事のうち、こと朝鮮有事に限っては、在日米軍の直接戦闘作戦行動は事前協議の対象外となるということが、秘密裏に取り決められていたのである。

この密約について記載したのが、一九六〇年一月六日の「朝鮮議事録」である。朝鮮議事録は、当時の藤山愛一郎外相とダグラス・マッカーサー二世駐日米大使（連合国軍最高司令官マッカーサー元帥の甥）とのやり取りを記録するかたちをとった文書である。この文書はそれから約半世紀後の二〇〇九年九月一六日に民主党政権の岡田克也外相が外務省に日米間の「密約」に関する調査を命じたのち、同省内で発見された。朝鮮議事録は「朝鮮密約」とも呼ばれる。

日米安保条約には、憲法違反との判決が下されるような極東条項が存在すること。事前協議制度の存在自体は、日本が攻撃されたわけでもないのに極東有事の際に日本がアメリカ軍に日本の基地使用を許す答えにはならないこと。そして、事前協議制度の抜け穴として、朝鮮有事における在日米軍の直接戦闘作戦行動は事前協議の対象外となるとする密約が存在したこと。これらをどう理解すればよいのだろうか。

アジア太平洋の「ハブ・アンド・スポークス型同盟網」

そこで、日米安保条約における「極東」という概念を、国際政治のなかで俯瞰して考えてみることにしよう。

一九六〇年の政府統一見解で極東とは、フィリピン、日本（と沖縄）、韓国、台湾などを指す。なお一九六〇年の時点では、沖縄はアメリカの施政権下にあり、まだ日本に返還されていなかった。

まず、ここでいう日本を除く極東は、いずれも地理的に日本に近接している地域だということが分かる。しかし、極東の範囲内にある国と地域には、そうした地理的要素以上の共通点がある。

それは、いずれの国と地域も、アメリカと同盟関係（ないし同盟に準ずる関係）にある、ということである。

このうち、アメリカはまずフィリピンとのあいだで一九五一年八月三〇日に米比相互防衛条約にもとづいて米比同盟を結んだ。その直後の同年九月八日に旧日米安保条約が署名される。次いで一九五三年一〇月一日に米韓相互防衛条約にもとづく米韓同盟が、一九五四年一二月二日には米華相互防衛条約にもとづく米台（米華）同盟が成立する。奇遇にも、これらの同盟は先の日本政府統一見解で挙げられたのと同じ順番で生まれている。

なおこのうち米台同盟は、アメリカと中国の国交正常化（一九七九年一月一日）後の一九八〇年一月一日に終了した。だがアメリカはその後も「台湾関係法」（一九七九年四月一〇日制定）によって、「台湾への兵器供給をおこない、台湾への脅威に対抗する」としている。一方でアメリカは、台湾防衛を明確にしない「戦略的あいまい」政策もとっている。台湾と、あいまいながらも、同盟に近い関係を維持しているといえよう。

このように、アメリカが日米安保条約の極東条項により、日本の基地を使ってでもその平和と安全を守るとしているのは、いずれもアメリカの同盟ないし準同盟相手である。逆に北朝鮮は、一九六〇年の政府統一見解が言う日米安保条約上の極東の範囲に含まれておらず、実際にアメリカの同盟国ではない。在日米軍は、北朝鮮の平和と安全の維持に寄与するために日本の基地を使用するわけではないということである。[8]

そして極東を含むアジア太平洋全体では、アメリカ（US）はオーストラリア（A）、ニュージーランド（ＮＺ）とのあいだで、一九五一年九月一日にＡＮＺＵＳ条約にもとづく同盟を結んでいる。

これらに先立ちアメリカは、西ヨーロッパの国ぐにやカナダとのあいだで、一九四九年四月四日に北大西洋条約にもとづいて北大西洋条約機構（ＮＡＴＯ）を結成した。北大西洋条約第五条は、「一又は二以上の締約国に対する武力攻撃を全締約国に対する攻撃とみなす」としている。加盟国全体が同盟関係にある「多国間型同盟網」である。

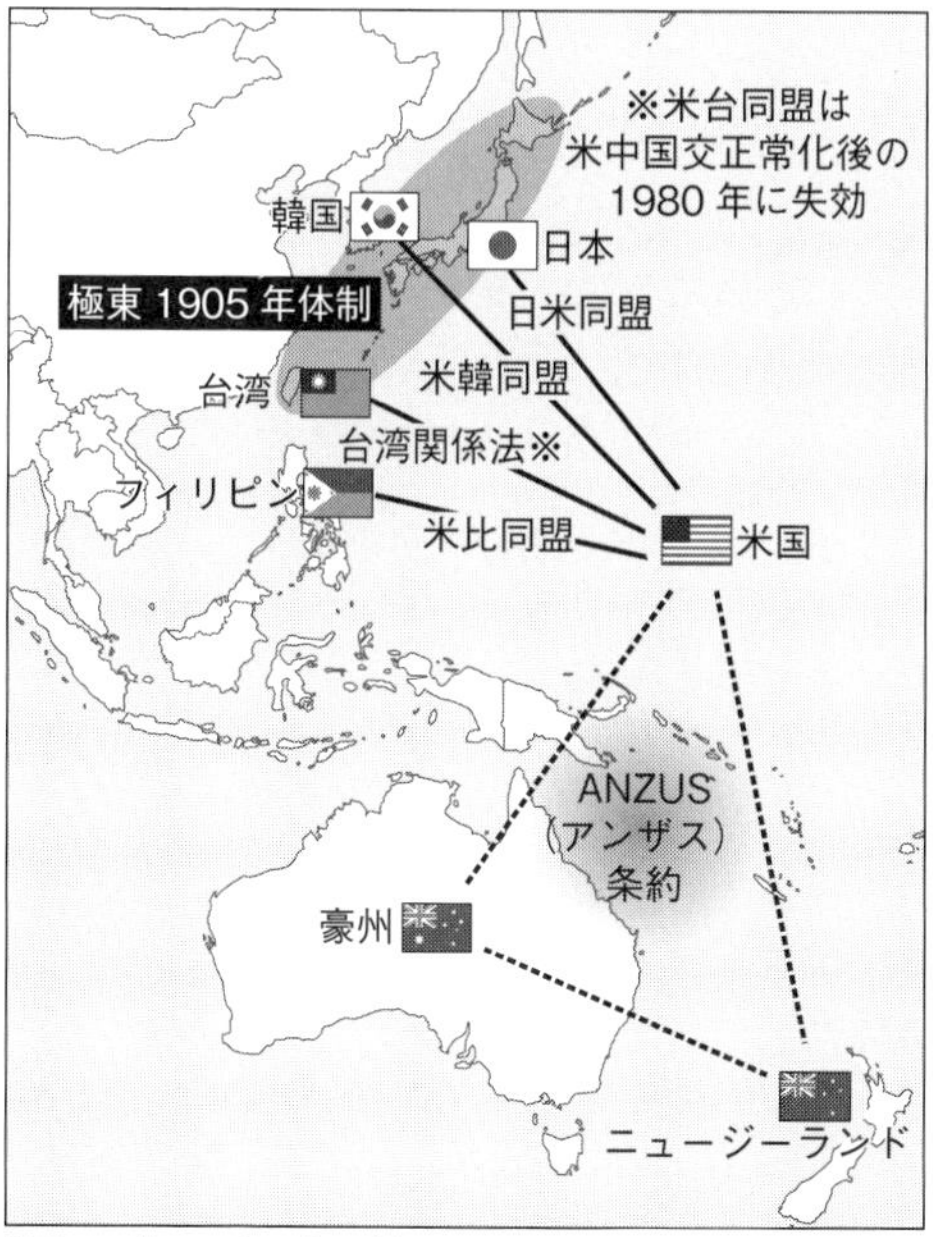

【図1-1】アジア太平洋におけるアメリカを中心とするハブ・アンド・スポークス型同盟網
出典：千々和泰明「戦後日本の『線引き』と『しばり』今こそ夢から目覚める時」『Wedge』34巻8号（2022年8月）51頁を元に作成

これに対し、アジア太平洋におけるアメリカの同盟ネットワークは、アメリカを一方の相手方とする二国間（ANZUS同盟については三国間）同盟の束でできあがっている。このようなかたちの同盟の姿を、「ハブ・アンド・スポークス型同盟網」という。ちょうど自転車の車輪のように、中心の核（ハブ）と、そこから放射状に広がった複数の線（スポーク）で成り立つ姿である。

アジア太平洋においては、アメリカがハブとなって、そこから日米同盟、米韓同盟、米台同盟（米台安全保障連携）、米比同盟、ANZUS同盟という線が、放射状に広がっている（図1－1）。そして日本、韓国、台湾、フィリピン、オーストラリア・ニュージーランドはお互いに同盟関係にはない点がNATOとのちがいである。

もともと冷戦初期にアメリカはNATOのイメージから、アジア太平洋でも同じように多国間型同盟網を結成しようとしていた。ところがまず韓国が、必ずしも多国間型同盟網自体に反対したわけではなかったが、反日感情の強さからそこへの日本の加入を認めようとしなかった。[9] また第二次世界大戦中に日本と交戦したフィリピン、オーストラリア、ニュージーランドは、戦後も引き続き日本こそが脅威であるとして、日本の加入が前提であると考えられる多国間型同盟網そのものに反対した。アメリカが考えるような、日本が加わる多国間型同盟網に賛成したのは、台湾くらいである。[10] 何より、肝心要の日本自身が、地域安全保障にコミットすることにつながる多国間型同盟網加入には消極的であった。[11]

こうした足並みの乱れから、アジア太平洋においてはハブ・アンド・スポークス型同盟網のかたちに落ち着くことになる。

2 「極東一九〇五年体制」の成立と戦後

日本と一衣帯水の朝鮮・台湾

以上を踏まえると、日米安保条約でいう極東とは、アジア太平洋におけるアメリカを中心とするハブ・アンド・スポークス型同盟網の一角を成す国や地域、ということになる。こうして日本と、日本以外の極東は、アメリカの存在を介しているという意味で、安全保障面でのつながりを持っているといえる。だが、アメリカの存在を介してつながりを持っているというだけで、日本以外の極東における有事に際し、アメリカ軍による日本の基地の使用を日本が許す理由になるのだろうか。

実は日米安保条約が極東に該当するとしている国や地域は、日本と地理的に近接しているとか、アメリカの同盟・準同盟相手であるとかいう以外に、もう一つの共通点がある。旧アメリカ領であったフィリピンを別にすると、日本の旧植民地でもある、という点だ。フィリピンを除く極東、すなわち韓国（朝鮮南部）と台湾は、戦前の日本帝国の勢力圏に属した領域であった。

日本と一衣帯水の朝鮮と台湾は、日本にとって地政学上重要な意味を持つ存在である。そのことを確認するため、やや遠回りにはなるが、戦前からの歴史をたどってみたい。

近代以前の東アジアは、中国の覇権の下にあったと考えていいだろう。ところが一九世紀からの欧米列強のアジア進出と清朝の衰退により、東アジアの国際秩序は動揺する。そのなかで日本は、明治維新を通じてなんとか近代国家への道のりを歩みはじめることができたが、東アジア全体を見渡すと情勢は大いに波乱含みであった。

明治の元老であった山縣有朋《やまがたありとも》総理は、青木周蔵《しゅうぞう》外相に提出した建議書「外交政略論」（一八八九

【図 1-2】日露戦争前の東アジア
出典：北岡伸一『世界地図を読み直す―協力と均衡の地政学』新潮選書、2019 年、81 頁
（地図製作：ジェイ・マップ）

○年三月）のなかで、「国家独立自衛」のため、国土である「主権線」と、「主権線の安危と緊《きび》しく相関係するの区域」である「利益線」を防御しなければならない、とした[12]。では利益線とは具体的にどこかというと、それは朝鮮なのだと山縣は論じた。朝鮮半島が日本に敵対的な勢力の支配下に入ってしまうのを防ぐことが、近代日本の国家安全保障上の最重要課題であった。

当時の李氏朝鮮に対しては、清が宗主権を有していたので、日本はまず日清戦争（一八九四～九五年）を通じて朝鮮から清の影響力を駆逐した。ところが今度は清に代わって南下政策をとるロシア帝国が、朝鮮への影響力拡大をもくろむ。ロシアは朝鮮の首都漢城（現・ソウル）のロシア公使館に朝鮮国王高宗をかくまい、朝鮮で鉱山採掘などの利権を手中に収めるようになった。

さらにロシアは、日本海に面したウラジオストクに到達する東清鉄道の敷設や、西朝鮮湾沿岸の遼東半島に建設された旅順・大連の租借、ロシア極東艦隊の旅順配備などを進めており、朝鮮半島南岸の馬山浦《マサンポ》を軍港として租借することも画策していた[13]。朝鮮半島を囲む海は、日本海を含めて、「ロシア海」になってもおかしくはなかった（図1－2）。そうなれば日本の「安危」に直結する。こうして朝鮮半島をめぐる日本とロシアの対立は、一九〇四年に勃発する日露戦争の導火線となった。

朝鮮の戦略的・地政学的重要性に注目したのが山縣であったとすれば、台湾の持つそのような価値を見抜いていたのが、井上毅《こわし》であった。日清戦争開戦直後の一八九四年一〇月一一日、この直前まで文部大臣を務めていた井上は、元老伊藤博文総理に宛てた書簡でこう述べている。台湾の占有によって、「黄海・朝鮮海・日本海の航行権を制することにより、東洋の門戸を開閉し、さらに沖縄と八重山群島と相連絡して、一足伸ばすことによって他の出入りを制する」ことができる。[14] 実際に台湾の獲得は主に日本海軍側からの要求となる。

また井上は、もし台湾が他国の手に落ちれば、「沖縄諸島の安寧が妨げられる」という趣旨のことを述べている。一八八四年の清仏戦争で、フランスが台湾を根拠地としたのは当時まだ記憶に新しかった。[15]

「極東一九〇五年体制」の成立

このような地政学的理由から、近代以降の日本は朝鮮と台湾を自国にとって重要な地域とみなし、パワーの裏づけによって同一陣営にグリップすることにしてきたといえる。それにより、日本の安全を確保することができた。また、極東に「力の空白」を生じさせたり、域内紛争を起こしたりしない効果があった。

まず日本は一八九五年、日清戦争に勝利し、下関条約によって台湾を割譲させた。

日本が極東での覇権を確立したと考えられるのは、その一〇年後の一九〇五年である。この年の七月二九日、日本はアメリカとのあいだで桂＝タフト（桂太郎総理兼臨時外相とウィリアム・タフト米陸軍長官）協定を交換し、朝鮮（大韓帝国）に対する日本の保護権をアメリカに認めさせた。その翌月の八月一二日に今度はイギリスからも、第二次日英同盟協約署名を通じて同様の権利を認められた。決定的だったのは、同年九月四日に署名したポーツマス条約において、ロシアに対して、日本が朝鮮で優越権を持つのを受け入れさせたことであった。

こうして一九〇五年という年を境に、それ以前から植民地化していた台湾に朝鮮をあわせて、日本は極東全体で国際的な承認の下、覇権を打ち立てることになった。一九〇五年の時点では、朝鮮の植民地化が必ずしも既定路線であったわけではなかったが、日本の勢力圏に入ったことはまちがいないであろう。

これをもって、「極東一九〇五年体制」といえるものが成立したと考えられる。「極東一九〇五年体制」とは、「東アジアにおける伝統的な覇権国である中国が弱体、あるいは自制的であることを前提に、日本と、日本にとって地政学上重要な朝鮮（少なくともその南部）、台湾が、パワーの裏づけによって同一陣営にグリップされているという極東地域秩序」と定義できよう。

これをもって、日本の朝鮮・台湾への植民地支配が正しかったということにはならない。一方で、大国間の都合により、小国の犠牲のうえに国際秩序が形成されるのが、当時の国際政治における冷厳な現実でもあった。

なお、ポーツマス条約で日本がロシア領サハリン南部（南樺太）を譲り受けたのは、産業開発を主目的とするものであった[16]。また一九一九年に第一次世界大戦の講和条約として署名されたヴェルサイユ条約にもとづき、国際連盟の下で日本の委任統治領となった旧ドイツ領の南洋諸島も、当初は移民や経済開発が中心であったので(戦略的重要性が増したのは対米関係悪化による)[17]、恒常的に地政学的重要性を持つ朝鮮・台湾とは区別して考えたい。

「極東一九〇五年体制」の下で日本と地域が平和を享受するという秩序は、その後一九二〇年代まではおおむね安定的に推移した。

ところが第一次世界大戦後の戦争違法化の潮流に逆らい、日本は一九三一年に満州事変を引き起こし、一九三七年には日中戦争に突入して、中国で国際的な承認のない勢力圏拡張を進めてしまう。その結末は、太平洋・東南アジア地域でのアメリカやイギリスとの全面武力衝突と、ついにはソ連からの侵攻を受けた日本帝国そのものの崩壊であった。一九三〇年代から四〇年代半ばまでの日本の侵略行為は、明治以来の「極東一九〇五年体制」からの逸脱であったと見ることができよう。

日本の敗戦と秩序の流動化

日本が第二次世界大戦に敗れてから一九五〇年代前半までが、「極東一九〇五年体制」が一気に流動化した時期である。アメリカが日本帝国を打倒し、植民地を放棄させたからだ。

大戦末期の一九四五年七月、連合国は日本への降伏勧告であるポツダム宣言を発し、日本は八月一四日に受諾した。ポツダム宣言は領土問題について、「カイロ宣言の条項は、履行せらるべく、又日本国の主権は、本州、北海道、九州及四国並に吾等《われら》の決定する諸小島に局限せらるべし」としていた。

ここで唐突に出てくるカイロ宣言とは、ポツダム宣言発出に先立つ一九四三年一一月二七日に連合国が発表したもので、日本領朝鮮の扱いについて、「やがて自由独立のものにする」としていた。また台湾についても、日本から「中華民国に返還する」とされた。カイロ宣言を履行するとしたポツダム宣言受諾によって、日本は朝鮮や台湾を放棄することになった。こうして「極東一九〇五年体制」は崩れ去ったかに見えた。

このうち日本帝国から分離された朝鮮半島は、北緯三八度線を境に、南部はアメリカ軍が、北部はソ連軍が占領した。当初の予定では、朝鮮はいったんは南北に分かれつつも、国連の監視の下での自由選挙を経て統一されることになっていた。

しかし戦勝国同士であったアメリカとソ連のあいだで対立が深まり、冷戦にいたる。

朝鮮というローカルな舞台においても、アメリカとソ連がにらみ合うこととなり、ソ連軍司令官は選挙監視などのために設置された国連臨時朝鮮委員会の朝鮮北部への立ち入りを認めなかった。そこで国連はアメリカ主導の下、朝鮮南部のみでの単独総選挙を実施し、その結果、一九四八年八月一五日に大韓民国が樹立された。それに対し三八度線以北では、ソ連の後押しを受け、同年九月九日に朝鮮民主主義人民共和国が成立した。だがその後も統一問題はくすぶり続け、情勢は安定しなかった。

情勢が不安定であったのは、台湾も同様である。中国では日本の撤退後、共産党が国民党との内戦に勝利し、一九四九年一〇月一日に中華人民共和国が成立した。一方の国民党の中華民国政府側は同年一二月七日、日本帝国が放棄した台湾島に逃れ、中国は対立を抱えたまま事実上分裂した。

第二次世界大戦終結にともない、朝鮮と台湾は旧日本帝国のグリップから外れ、かつ日本自身がかつてのように地域秩序を形成しうるパワーではなくなった。そしてアメリカに占領された本土以外のこれらの旧日本帝国領は、パワーの裏づけのない「力の空白」地帯となったばかりか、紛争の火種までも抱え込んでいた。すなわちこの地域で、アメリカ、ソ連、中国といった大国を巻き込んだパワーゲームが展開されるおそれがあった。また「極東一九〇五年体制」のグリップがいったん効かなくなったことで、場合によっては、日本、韓国、台湾が、お互いを仮想敵として軍事的に向き合わなければならない可能性すらあったといえる。

このような「極東一九〇五年体制」の流動化は、この地域で二〇世紀初頭以来の地政学的大変動を引き起こす危険をはらんでいた。

「アチソン・ライン」の不覚

ここで戦後アメリカによる極東への関与の在り方を見ておこう。第二次世界大戦でアメリカは、真珠湾攻撃をしかけてきた日本軍国主義の危険を根絶するため、日本帝国との妥協的和平を拒否し、「無条件降伏」を勝ちとるまで戦った。そして第一次世界大戦の時のように戦争が終われば兵を引いて内に閉じこもるのではなく、「世界の警察官」として、引き続き海外に軍を駐留させることを望んでいた。

大戦中の一九四四年一月七日、フランクリン・ローズヴェルト大統領はアメリカ軍部の最高機関である米統合参謀本部が作成した「JCS570／2」と題された戦後基地計画を承認した[18]。この計画では、日本を取り囲むようにして、太平洋の広い範囲にわたってアメリカが排他的な使用権を持つ基地が鎖状に設置されることになっていた。アメリカは戦時中から、戦後極東を自国の覇権の下に置く構想を持っていた。

やがて冷戦がはじまると、アメリカは占領した日本の防衛に転じることになる。アメリカの冷戦戦略の基本は、ソ連共産主義の拡張を周辺から「封じ込める」ことであった。一九四七年三月一二日、トルーマン大統領は「トルーマン・ドクトリン」を発して、「封じ込め」政策を宣言した。そして日本防衛は、西ヨーロッパ防衛と並ぶ対ソ「封じ込め」政策の東アジアにおける根幹と位置づけられる。

にもかかわらず、アメリカの視線はもっぱら日本に注がれ、歴史的にも日本と一衣帯水の関係にあるはずの朝鮮と台湾の戦略的価値への理解は深まらなかった。一九四五年二月に連合国首脳が戦後構想を話し合ったヤルタ会談の時点でアメリカは、朝鮮についてはその全域が、対日参戦を予定しているソ連軍の占領地区に編入されることすら念頭に置いていた[19]。

実際には朝鮮南部についてはアメリカが占領することになったが、その後も、日本の占領統治を通じアメリカの東アジアへの関与の要となっていた連合国軍最高司令官総司令部（GHQ）は朝鮮への関わりについては慎重であった。GHQは、もし朝鮮でアメリカがソ連と戦争になった場合は、朝鮮駐留米軍をソ連と戦わせる代わりに、日本に撤退させ、朝鮮半島の北緯三八度線ではなく日本列島自体を防衛線にすることを想定していた[20]。そして実際に朝鮮駐留米軍は、一九四九年六月三〇日までに撤退してしまう。

また台湾についても、アメリカ政府内では、台湾を取り込めばそれに反発する中国がソ連になびくおそれがあり、逆に放棄すれば、ソ連と中国の離間を促進できるとの考えがあった[21]。

こうしたアメリカによる朝鮮・台湾の軽視は、一九五〇年一月一二日の「アチソン・ライン」発表と軌を一にしている。この日ディーン・アチソン米国務長官はワシントンのナショナル・プレス・クラブでおこなった演説で、アメリカがアジアにおいて防衛責任を負う範囲を、アリューシャン列島、日本、沖縄、フィリピンを結ぶ線の内側とした。朝鮮と台湾は、除外されていたのである。「アチソン・ライン」はアジアにおけるアメリカの「不後退防衛線」と喧伝され（図1－3）、このことが、北朝鮮による韓国侵攻の誘因の一つとなったとも考えられている。

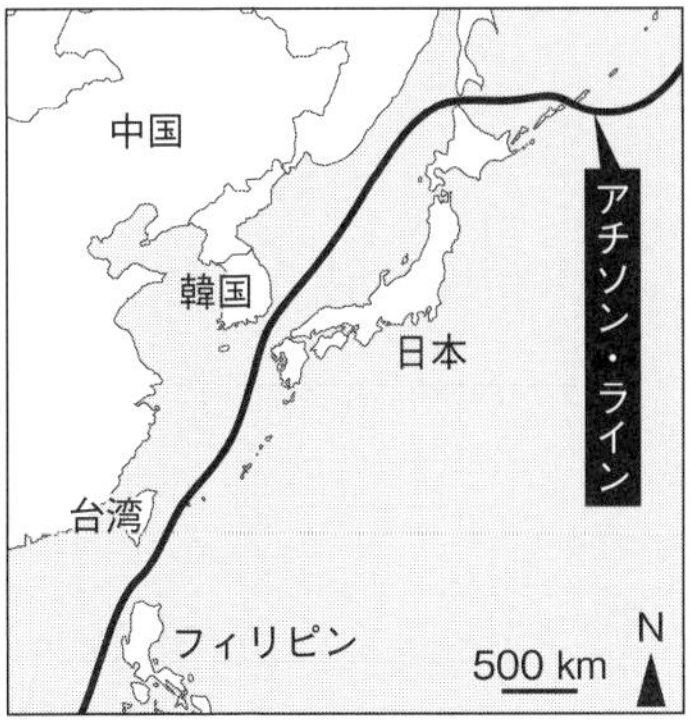

【図 1-3】アチソン・ライン
出典：『産経ニュース』2017 年 4 月 7 日配信「アメリカを読む」中の地図を元に作成

それにしても、朝鮮戦争の一因ともいわれる不後退防衛線で歴史に名を刻むことになったのは、アチソンには気の毒なことであった。アチソンはNATOの生みの親であり[22]、そのイギリス崇拝は母親譲りで、たしかにアジアへの関心は薄かった[23]。ただアチソン・ラインのイメージはアチソンのみの考えによるものではなく、それ以前からアメリカ国内である程度共有されていた認識であった。[24]

朝鮮戦争という転換点

転換点となったのは、アチソン・ライン発表からわずか半年後の一九五〇年六月二五日に、北朝鮮が韓国に侵攻して朝鮮戦争が勃発したことである。翌月七月七日、アメリカは国連安全保障理事会決議にもとづく「朝鮮国連軍」として韓国防衛のために軍事介入する。

アメリカが朝鮮戦争に介入したのは、封じ込め政策の東アジアにおける根幹である日本防衛にとって、韓国が地政学上重要であり、北朝鮮による韓国侵攻を放置すれば日本の安全に直結することを悟ったからにほかならない。同年七月二四日に国務省北東アジア課が作成した覚書は、日本はアメリカにとって決定的に重要であり、「日本におけるアメリカの利益に敵対する体制が朝鮮を支配することを許すことはできない」との方針をまとめた。[25] 山県が「利益線」論を唱えてからちょうど六〇年後に、戦後アメリカもまったく同じ結論を導き出したのである。

一方、アメリカが北朝鮮への空爆の拠点として使ったのは、嘉手納基地など沖縄や日本の基地であった。[26] アメリカは朝鮮で戦線を維持するうえで、日本の基地が決定的に重要であることを実戦によって痛感した。封じ込め政策の立役者である国務省政策企画室長のジョージ・ケナンは、アメリカが朝鮮戦争のために日本の基地を使用しなければならなくなり、「アメリカ軍の日本駐留こそこの〔筆者注：極東〕地域の未来の安全にとって絶対必要事」と認識されるようになったと述べている。[27] このことが、アメリカ軍による日本の基地使用を中核とする日米同盟に発展する。

加えてアメリカは朝鮮戦争開戦直後の六月二七日に、台湾海峡に第七艦隊を派遣するなど、台湾への防衛コミットメントを提供するようになる。

もともとアメリカ政府内では、ケナンが主張したように、日本と東南アジアを結ぶ航路上にある台湾の戦略的価値を高く評価する見方もあった。[28] 当時の日本は共産化した大陸中国とは国交を結ばなかったので、経済復興のためには代わりに東南アジアとの交易を活発化させる必要があったためである。また、台湾を手放せば、ソ連が台湾に軍事基地を獲得する可能性も懸念された。[29] 朝鮮戦争はアメリカに、こうした点への注意を、ソ中離間策以上に向けさせることになった。

これに対し、一〇月一九日に北朝鮮側に立って朝鮮戦争に義勇軍の名目で参戦した中国は、アメリカに台湾防衛から手を引くよう迫った。[30] しかしアメリカは応じなかった。

戦後アメリカに引き継がれた「極東一九〇五年体制」

朝鮮戦争は一九五三年七月二七日に、国連側・韓国側と共産側が北緯三八度線付近の軍事境界線を挟んで対峙するかたちで休戦となる。また、台湾海峡についても、現状が維持された。

前述の通り、一九五一年九月の日米安保条約署名に続き、朝鮮戦争休戦後の一九五三年一〇月に韓国が、一九五四年一二月には台湾が、それぞれアメリカと同盟関係に入る。それぞれの国では、吉田茂政権、李承晩《イ・スンマン》政権、蔣介石政権という親米反共政権が統治した。なお米華相互防衛条約成立の契機となったのは、一九五四年九月三日から一九五五年五月一日にかけて、第一次台湾海峡危機と呼ばれる中国と台湾のあいだの紛争が起こったことであった。

日本も朝鮮戦争中の一九五二年四月二八日に台湾との日華平和条約に署名し、それから遅れて一九六五年六月二二日には韓国とのあいだで日韓基本条約を結んで、両国と国交を樹立した。

こうしてアメリカによる極東防衛コミットメントの提供により、地域における「力の空白」は埋められた。結果的に旧日本帝国の勢力圏の大半は、アメリカが引き継ぐことになったといえる。[31]またそれにともない、日本、韓国、台湾は、アメリカの存在を介し、かつアメリカのパワーの裏づけによって、再び同一陣営にグリップされることになったのである（図1－4）。

このことは、まず何よりも朝鮮戦争で覚醒したアメリカの東アジア冷戦戦略に合致するものであった。同時に、日本側の地政学的な要望に応えるものでもあった。

たとえば吉田総理は、次のような見方を示す。「朝鮮半島が日本の国家的安全に重大な関係を有することは、今さら申すまでもない。有史以来、日本に対する外来の脅威は朝鮮半島を経由していると称して過言ではない。日清戦争も、日露戦争も共にその端は朝鮮半島に発している」[32]。そのうえで吉田は、朝鮮北部が共産勢力の下に置かれるという現状にもかかわらず「わが国民が太平の気分に浸り、閑暇を心置きなく享楽し得ている」のは、「韓国軍と国連軍が共に前線を固めているからに他ならない」とした。

一九六〇年安保改定当時の岸総理は、一九五七年五月二五日にマッカーサー二世大使が本国に報告したところによると、大使に「朝鮮、台湾、東南アジアが共産勢力の手中に落ちないようにしておくことが、日本にとって死活的に重要な問題だ」と語った。[33]岸の後を継いだ池田勇人《はやと》総理も、一九六一年六月二〇日にワシントンでおこなったケネディ大統領との会談のなかで、より朝鮮に特化し、「日本の歴史の示す通り千年以上も前から日本にとって朝鮮は日本自身と同じようなものであり、もし朝鮮が共産化した場合には日本には致命的である」と述べている。[34]

また韓国も、北朝鮮、さらには日本に対する安全保障としても、日米同盟を前提としたアメリカによる韓国への防衛コミットメントが必要だと考えていた。[35] そのようなコミットメントを必要としたのは、大陸中国と軍事的に向き合わざるをえない台湾も同様であった。ここでのグリップ

ロシア連邦
「極東 1905 年体制」は現在も生きている
ー日本と朝鮮南部、台湾を一体として防衛ー
中国
北朝鮮
東西対立の最前線
日本
韓国
日米同盟
米国が日本を防衛する代わりに、「極東」での事態のために日本の基地を利用できる。
朝鮮有事については事前協議の対象外との見方も
米韓同盟
国連軍としての米軍の朝鮮戦争参戦をきっかけに同盟関係に発展
台湾
米・台湾関係法
1980 年の米華同盟失効後も台湾を米国側につなぎ留めた

【図 1-4】戦後「極東 1905 年体制」
出典：千々和泰明「安全保障の現実直視し『一国平和主義』脱却を」『週刊東洋経済』7090 号（2022 年 12 月 24-31 日）67 頁

は、日本帝国による植民地支配という「強制」から、日本、韓国、台湾が、それぞれアメリカによる防衛コミットメントを「同意」にもとづいて受け入れるものに変化していた。

つまり「極東一九〇五年体制」は、日本の敗戦によって一時的に流動化したものの、結局は消滅しなかったのである。

3 「米日・米韓両同盟」の一機能としての日米同盟

限りなくイエスと答えると公表

「極東一九〇五年体制」の維持には、パワー面での裏づけが必要である。このパワー面での裏づけとなるのが、アメリカによる極東防衛コミットメントであり、その土台が、日米同盟、米韓同盟、米台同盟（ないし米台安全保障連携）であった。

このうち、特に密接な関係にあるといえるのが、日米同盟と米韓同盟である。両同盟は、いわば「双子」のようにして生まれた。

日米同盟結成の重要な契機は、朝鮮戦争を戦うアメリカが、韓国防衛のための日本の基地の決定的な意味を痛感したことにある。ではなぜアメリカはそもそも朝鮮戦争に介入したのか。韓国防衛が日本の安全に直結すると判断したからである。そしてアメリカの韓国防衛コミットメントは、米韓同盟につながっていく。

日米同盟と米韓同盟は、お互いに支えあっている。そして本章が焦点としている日米安保条約の極東条項こそが、この関係性を制度的に担保したものなのである。

前述の通り、極東条項に対して日本的視点に立つと、事前協議の制約をかけようとする力が働く。しかし、戦略的・地政学的現実に根ざす日米同盟と米韓同盟のつながりは、結局は断てなかった。例の朝鮮密約の存在が、このことを何よりも雄弁に物語っている。

朝鮮密約、すなわち朝鮮議事録には、藤山外相とマッカーサー二世大使のあいだの次のようなやりとりが記載されている。

マッカーサー二世大使は藤山外相に、朝鮮で停戦協定違反の武力攻撃が生じた場合、アメリカ軍がただちに日本から戦闘作戦行動に着手しなければ、これを国連軍として撃退できない事態が生じうるとした。

前述の通り、朝鮮戦争は一九五三年に休戦したが、正式な戦争終結がなされたわけではなく、戦争が再開される危険が残っていた。朝鮮議事録が作成されたのは、休戦からわずか七年後のことにすぎない。そのうえで大使は藤山に、「そのような例外的な緊急事態が生じた場合、日本における基地を作戦上使用することについて日本政府の見解をうかがいたい」と問いただした。

これに対し藤山はこう答えた。共産側からの停戦協定違反の攻撃に対して、国連軍の反撃が可能となるように、「国連統一司令部の下にある在日米軍によって直ちに行う必要がある戦闘作戦行動」のために「日本の施設・区域を使用され得る」[36]。

朝鮮有事を念頭に、「在日国連軍」たる在日米軍によってただちにおこなう必要がある直接戦闘作戦行動のために日本の基地を使用されうる、ということは、すなわち、朝鮮有事における在日米軍の直接戦闘作戦行動は事前協議の対象外であるということだ。日本に駐留するアメリカ軍は、日米安保条約にもとづく在日米軍であると同時に、朝鮮戦争に国連軍として介入した経緯から、日本との国連軍地位協定（一九五四年二月一九日署名）にもとづく在日国連軍という属性も持っている。

ただしその後、朝鮮密約の内容に近いことは公表されている。一九六九年一一月二一日に、佐藤栄作総理とニクソン大統領が、沖縄返還に合意した。この時発表された「佐藤＝ニクソン共同声明」第四項と、同日に佐藤がワシントンのナショナル・プレス・クラブでおこなった演説の内容にそれを見ることができる。

まず佐藤＝ニクソン共同声明第四項は、「韓国の安全は日本自身の安全にとって緊要」とおおやけに認めた。いわゆる「韓国条項」である。続いて佐藤のナショナル・プレス・クラブ演説では、朝鮮有事における在日米軍の直接戦闘作戦行動に関する事前協議に対し、日本は「前向きに、かつすみやかに」態度を決定するとされた。

韓国の安全は日本の安全にとって緊要だから、朝鮮有事における在日米軍の直接戦闘作戦行動に関する事前協議がおこなわれた場合には、日本は前向きに、かつすみやかに態度を決定する。これを聞いて、当該事態における事前協議において日本政府はアメリカ側からの申し出に対して「ノー」と答えるだろう、と思う人がいるだろうか。逆に言えば、日本は佐藤＝ニクソン共同声明の韓国条項と佐藤のナショナル・プレス・クラブ演説を通じ、朝鮮有事における在日米軍の直接戦闘作戦行動に関する事前協議がおこなわれた場合には、限りなくイエスと答えると、すでに公表しているに等しい。

なお、朝鮮密約の効力については、今もあいまいな部分が残るようである。時代が下って日米「密約」問題調査ののち、二〇一〇年六月一五日に岡田外相は記者会見で、朝鮮有事の際に事前協議を必要としないといったものはないということはアメリカ政府とのあいだで確認されていると述べている。ただ、朝鮮密約の失効について明記したような文書による正式合意があるのかは不明である。

また二〇一四年七月一五日に安倍晋三総理が国会で、沖縄の在日米海兵隊が韓国救援のために出動する場合は、日米間の事前協議で日本の了解が必要であると答弁した際、韓国側から異論が示されている。在米韓国大使館関係者は韓国メディアの取材に答え、朝鮮有事における在日米軍の在日国連軍としての直接戦闘作戦行動は、事前協議の対象外であり、日本政府は介入できず、アメリカ政府も同じ考えであると牽制した。[37]

さらに韓国の尹錫悦《ユン・ソンニョル》大統領は二〇二三年八月一五日におこなった演説で、北朝鮮が韓国に侵攻した場合、朝鮮国連軍司令部が「自動的かつ即時的に」介入して報復することになっており、「日本の後方基地はそれに必要な国連軍の陸海空戦力が十分に備蓄されている場所」だと述べた。[38]間接的な言い回しながら、朝鮮有事には在日国連軍でもある在日米軍が「自動的かつ即時的に」介入するとの韓国政府の認識を示唆するものであるといえよう。

実態としての「米日・米韓両同盟」

いずれにせよ、日米同盟はそれだけで国際政治のなかでポカンと浮かんでいるようなものではない。アジア太平洋におけるアメリカを中心としたハブ・アンド・スポークス型同盟網の一部であり、かつこのような同盟網のうち、アメリカ軍による日本の基地の使用を介し、特に米韓同盟と密接な関係にある。両同盟が密接な関係を有することで、「極東一九〇五年体制」が維持されているのだ。

もちろん、日本と韓国は同盟関係にはないので、日米同盟と米韓同盟が密接な関係を持つからといってこれらを「米日韓三国同盟」などとまとめてしまうのは乱暴であろう。むしろ日本と韓国が同盟関係ではない（あるいはなりづらい）ことに、アメリカという日本・韓国から見た場合の第三者が極東防衛にコミットする意味がある。

そこで、やや大胆だが、「アジア太平洋でアメリカが中心となったハブ・アンド・スポークス型同盟網のうち、日本と韓国を相手方とする同盟」を、「米日・米韓両同盟」とひとまとめにして呼んでみたい。

日米同盟は、日本的視点からは日米「二国間」同盟としてアメリカの他の同盟網から独立して存在しているように錯覚してしまう。しかし第三者的視点に立つと、現実には「極東一九〇五年体制」を支える「米日・米韓両同盟」とでもいえる安全保障システムのなかの、一機能だと見ることができるのだ（図1－5）。

だとすれば、極東条項や朝鮮密約などが存在する意味は明白であろう。これらは日米同盟が

「米日・米韓両同盟」という安全保障システムの一部として機能するうえで不可欠な、いわば「ちょうつがい」なのである。

「米日・米韓両同盟」にとっての沖縄の価値

日米同盟と米韓同盟は、アメリカ軍による日本の基地の使用を介し、「米日・米韓両同盟」とでもいえる一つの安全保障システムとして有機的に連結している。そしてこのような安全保障システムを機能させているのが、日本、なかでも沖縄の米軍基地である。

　第二次世界大戦中、沖縄では約三か月におよぶ凄惨な地上戦が戦われた末、一九四五年六月二三日にアメリカ軍の手に落ちた。この沖縄戦によって、日本側は軍民あわせて約二〇万人の死者を出し、アメリカ側も約一万二五〇〇人が死亡した。沖縄を占領したアメリカ軍は、沖縄本島にB－29の基地を、また本島付近の伊江《いえ》島に長距離護衛戦闘機用の飛行場を建設するなど、沖縄の「軍事要塞化」に乗り出す。

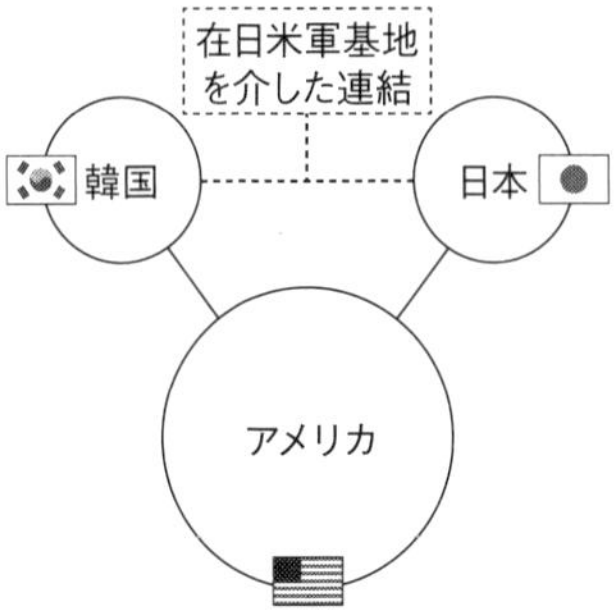

【図 1-5】「米日・米韓両同盟」
出典：筆者作成

　沖縄本島は九州から約八〇〇キロメートルの位置にあり、朝鮮半島からの距離は約一〇〇〇キロメートル、台湾海峡からは約九〇〇キロメートルというように、極東における潜在的な紛争地域にアクセスしやすい。このような沖縄の戦略的・地政学的重要性から、アメリカはサンフランシスコ講和条約で日本本土の独立を認める一方、沖縄には引き続き施政権を行使した。

実際にアメリカはベトナム戦争で、沖縄の米軍基地をベトナムへの出撃拠点として活用した。アメリカは一九六四年八月二日のトンキン湾事件（共産勢力である北ベトナム人民軍の魚雷艇による米駆逐艦への攻撃がなされたとされた）を契機に、ベトナム戦争への関与を深め、南ベトナムの反共政権を支援して北ベトナムと戦った。

これに対し日本は、沖縄を取り戻すことを戦後外交の一大目標としていた。一九六七年一一月一五日、佐藤＝ジョンソン日米首脳会談後の共同声明で、沖縄返還の時期について「両三年」内に合意すべきとの日本側の要望が明記された。これ以降、返還交渉は本格化し、一九六九年一一月の佐藤＝ニクソン会談で決着する。

沖縄返還交渉での最大の焦点は、「核抜き・本土並み」問題であった。このうち「核抜き」とは、当時アメリカによって沖縄に配備されていた核兵器の撤去のことであり、第5章で詳しく見ることにする。

そしてここでいう「本土並み」とは、返還後の沖縄にも、本土と同様に、つまり本土並みに、日米安保条約の事前協議制度を適用するという日本側の要望を指す。一方で前述の通り、返還交渉当時のアメリカは沖縄を出撃拠点としてベトナム戦争を遂行中であった。そのためアメリカは、たとえ沖縄返還後であっても、同地の基地を引き続き自由に、つまり事前協議なしに使用できることを期待していた。

結局、沖縄返還交渉では、日本側の「核抜き・本土並み」要求が基本的には満たされることになった。一九七二年五月一五日に実現した沖縄返還を境に、沖縄からアメリカの核が撤去され、かつ沖縄の基地にも本土と同じく事前協議制度が適用されることとなる。

日米沖縄返還交渉への韓国・台湾の介入

このことを警戒し、介入してきたのが韓国であった。日米二国間の外交問題である沖縄返還交渉に、なぜ第三者であるはずの韓国が介入してくるのか。

言うまでもなく、米軍基地の多くは沖縄に存在していて、朝鮮有事でも沖縄の基地が中核的な役割を果たすことになる。だが沖縄の「本土並み」返還とは、日米安保条約の事前協議制度の適用地域が、これまでは範囲外であった沖縄にまで拡大されることを意味する。沖縄の基地使用についてアメリカと日本がいちいち事前協議するということになれば、韓国から見ると、朝鮮有事における在日米軍の即応性を低下させるおそれがあった。韓国側は、沖縄返還が韓国防衛に不利に働くと懸念したのだ。

韓国の朴正熙《パク・チョンヒ》大統領は、日本の社会党などの左派の動向により、在日米軍基地の使用が制限される可能性を憂慮していた[39]。そして朝鮮半島南西にある済州《チェジュ》島を、沖縄の代替地としてアメリカ軍に提供することさえ真剣に検討していた[40]。しかもこのころは、北朝鮮が韓国側への攻勢を強めていた時期にあたる。一九六八年一月二一日、北朝鮮は韓国大統領府である青瓦台《せいがだい》への特殊部隊による襲撃を試みた。また二三日には、アメリカの情報収集船「プエブロ号」を拿捕《だほ》している。こうしたことから、韓国側の憂慮はなおのこと深まった。

そこで日米沖縄返還交渉中の一九六九年四月八、九日、韓国の崔圭夏《チェ・ギュハ》外務部長官は韓国駐在のアメリカのウィリアム・ポーター大使と日本の金山政英《かなやままさひで》大使に書簡を送った。このなかで韓国は日本とアメリカに対し、沖縄返還後に日本が事前協議の権利を放棄するよう要求したのである。[41]日米沖縄返還交渉の行く末を憂慮の念を持って見つめていた極東の国は、韓国だけではなかった。台湾でも、台湾にとっての沖縄の軍事上の重要性から、アメリカは沖縄を放棄してはならないとの主張が政府内でなされていた。

一九六九年一〇月二七日、台湾の沈劍虹《しんけんこう》外交部次長はリチャード・スナイダー米沖縄担当公使と会談した。この席で沈劍虹は、米華相互防衛条約において沖縄の米軍基地の使用が考慮されており、沖縄が日本に返還されればその使用に影響が出るかもしれないという、韓国が抱いたのとまったく同種の懸念を示した。[42]

結局、日米両国は韓国・台湾側の反対にもかかわらず沖縄「本土並み」返還に合意するが、一定の配慮も示した。日本政府は、沖縄返還に対する韓国・台湾の懸念に応えるため、一一月一四日付で朴正熙および台湾の蔣介石総統宛ての佐藤総理親書を発出し、金山駐韓大使と板垣修《おさむ》駐華大使がそれぞれ韓国・台湾両首脳への説明をおこなった。[43]

さらに日米両国は前述の通り佐藤＝ニクソン共同声明第四項で「韓国の安全は日本自身の安全にとって緊要」と認め、加えて台湾についても、「台湾地域における平和と安全の維持も日本の安全にとってきわめて重要な要素」（「台湾条項」）としたのだった。

日本政府自身、北朝鮮などが、事前協議制度の拡大により沖縄の在日米軍の直接戦闘作戦行動が制約されると誤認することを懸念していた[44]。こうした懸念が、韓国条項や佐藤のナショナル・プレス・クラブ演説につながったと考えられる。朝鮮有事における在日米軍の直接戦闘作戦行動に関する事前協議で日本が限りなくイエスと答えるというおおやけにされたメッセージは、アメリカに対してだけでなく、韓国、さらには北朝鮮に対して発せられたものでもあった。

これらのことからも、日本、特に沖縄の米軍基地の存在を通じた「米日・米韓両同盟」という実像が見えてくるといえるだろう。

韓国と台湾の差

一方、佐藤＝ニクソン共同声明第四項は、韓国には「緊要」という強い表現を用いたのに対し、台湾については「きわめて重要な要素」と述べるにとどめた。このあとの一九七二年二月二一日、ニクソン大統領が中国を訪問してアメリカと中国が和解し、日本もこれに続くと、「極東一九〇五年体制」の枠内でも韓国と台湾の位置づけの差が顕著となる。言うまでもなく、台湾を自国の一部だと主張している中国への配慮のためである。

実はアメリカは沖縄返還交渉の時点で、すでに中国との和解を志向していた。アメリカは日本の敗戦後に再開された中国の国共内戦で国民党を支援したし、アメリカと中国は朝鮮戦争で実際に戦闘を交えた宿敵同士であった。それにもかかわらずアメリカが中国との和解を求めたのは、北ベトナムに影響力を持つ中国に接近することで、ベトナム戦争の泥沼から抜け出すというねらいがあった。アメリカは台湾から中国に乗り換え、一九七九年一月の米中国交正常化にともなって前述の通り米台同盟は終了する。

一方の中国が、アメリカや、その後の日本との和解に応じたのは、一九六〇年代からのソ中対立のためであった。ソ連と中国は一九五〇年二月一四日にソ中友好同盟相互援助条約を結び、条約上名指しした日本と、その同盟国、つまりアメリカを仮想敵国とする同盟関係にあった。ところがやがてソ連と中国の対立が深まり、一九六九年三月にはダマンスキー島／珍宝《ちんぽう》島の領有権をめぐる軍事衝突にまでエスカレートする。中国はついには、ソ連からの核攻撃を恐れるまでになっていた。

ところで、「極東一九〇五年体制」とも関わることでもあるので、当時のアメリカと中国のあいだで日本についてのいわゆる「瓶の蓋」論が提起されていたことについてもここで触れておく。[45]「瓶の蓋」論とは、東アジアにおけるアメリカの軍事的プレゼンス（存在）によって、日本の軍国主義復活が抑え込まれている、とする言説である。

実は中国は米台同盟終了にともなうアメリカ軍の台湾からの撤退によって、日本が台湾に軍事的に再進出するのではないかと恐れていた。たとえば一九七一年七月一〇日に中国の周恩来首相がヘンリー・キッシンジャー米国家安全保障問題担当大統領補佐官にそのような懸念を伝えている。[46]一方、キッシンジャーはニクソン訪中時の一九七二年二月二二日におこなわれた周恩来との会談のなかで、アメリカのプレゼンス縮小にともなって日本が台湾に進出するようなことがないようにする、と述べていた。[47]

こうした懸念は当然杞憂にすぎないが、少なくともこの時期のアメリカと中国は、アメリカの防衛コミットメントの提供によって、日本はその重要性にもかかわらず台湾に軍事的に進出してこないという、「瓶の蓋」論的な観点からの「極東一九〇五年体制」の評価で一致していたということもできるだろう。

いずれにせよ、中国との和解によって、日本は韓国と台湾の差異を明確にすることになる。一九七二年一一月八日、日本政府は国会で佐藤＝ニクソン共同声明における台湾条項に関する統一見解を発表した。ここで、台湾条項は「一九六九年当時の〔日米〕両国首脳の台湾地域の情勢に対する認識」を述べたものだが、「その後情勢は大きな変化を遂げており、〔中略〕この地域をめぐる武力紛争が現実に発生する可能性はなくなったと考えられ」るので、「右の認識が変化した」とされたのだった。[48]

こうして日米同盟と米台同盟ないし米台安全保障連携の関係は、中国側への配慮から、米韓同盟とのそれに比べて希薄なものにとどまった。いうなれば、「米日・米韓両同盟」は「米日・米韓・米台三同盟」には発展しなかった。

なお、台湾は中国の一部だ、とする中国側の主張に対し、アメリカは一九七二年二月二七日の米中共同声明（「上海コミュニケ」）でこれを「認識する」とした。また日本は同年九月二九日の日中共同声明で、「理解し、尊重」するとしている。いずれも「承認」ではない、あいまいな表現である。しかも日米側は台湾海峡問題の「平和的解決」を前提としており、中国が台湾を武力で併合することになってもそれは中国の内政問題である、という中国の主張までをも認めているわけではない。[49] そして日米側と中国との和解後も、日米安保条約の「極東」の範囲から台湾は除外されていないことも確認しておきたい。

基地問題

ここまで述べたように、「極東一九〇五年体制」の維持には、日本、特に沖縄の米軍基地の存在がきわめて重要な意味を持っている。したがって日本側の適切なホスト・ネーション・サポート（受け入れ国支援）が不可欠である。

一方で、米軍基地の存在は、騒音や事故、アメリカ兵による犯罪など、受け入れ側に負担を強いることになってきた。その文脈で、最後に米軍基地問題、特にその象徴として普天間飛行場移設問題について触れておきたい。

沖縄県宜野湾市にある普天間飛行場は、米海兵隊の基地であり、アメリカ軍が日本周辺の緊急事態に対する即応態勢を保持するのに必要な機能を備えている。同飛行場の移設問題の発端は、一九九五年九月四日に沖縄でアメリカ兵による少女暴行事件が発生し、米軍基地を抱える沖縄の負担がクローズアップされたことであった。一九九六年四月一二日、橋本龍太郎総理とウォルター・モンデール駐日米大使は普天間飛行場を日本側に返還することで合意し、共同記者会見で発表した。そして同飛行場機能の移設先としては、同年一二月二日に2プラス2が承認した「沖縄に関する特別行動委員会」（SACO）最終報告で、海上施設を追求するとされた。

しかしこのあと、事は容易には進まなかった。SACO最終報告の翌一九九七年一二月二四日、沖縄県名護市の比嘉《ひが》鉄也市長が代替施設として海上へリポートの受け入れを表明したものの、その後も反対運動などのため移設作業は暗礁に乗り上げた。

　こうしたなか、二〇〇二年一二月一六日から小泉純一郎政権とブッシュ（子）政権のあいだで普天間飛行場移設問題を主題の一つとする「防衛政策見直し協議」（ＤＰＲＩ）が始まった。ＤＰＲＩを経て二〇〇六年五月一日に開催された2プラス2は、「在日米軍再編ロードマップ合意」をとりまとめ、普天間飛行場機能の移設先は「名護市のキャンプ・シュワブ辺野古《へのこ》崎《ざき》地区およびこれに隣接する水域」とすることで一致した。

　ところが二〇〇九年九月一六日に成立した民主党の鳩山由紀夫政権が、普天間飛行場機能の県外移転を掲げたことで、再び議論が紛糾することになる。結局、二〇一〇年五月二八日の2プラス2では、ロードマップ合意に立ち返ることが再確認された。これにもとづき二〇一八年一二月一四日にキャンプ・シュワブ南側海域で埋め立て工事が開始された。代替施設の完成は、二〇三〇年代になるといわれている[50]。

　機動性・即応性を持つ海兵隊の基地を極東における戦略的・地政学的要衝である沖縄に置くことは、日米同盟による抑止力の維持にとって重要であろう。米海兵隊の任務が朝鮮・台湾有事を念頭に置いたものであるから沖縄が負担を受け入れる必要がないとして線引きすることは、本章でおこなったような議論に照らしても現実的ではないだろう。

　一方で、沖縄の負担軽減がすべて日本的視点であるとして切り捨てることも、短絡的である。受け入れ側の負担とそれへの不満の増大は、やがて基地使用の安定性そのものを侵食することになるだろうからである。実際に米海兵隊のグアムへの移転、嘉手納飛行場以南の土地の返還などの負担軽減策が進められている。[51]

なお、これとの関連で、「日米地位協定」について付言しておく。日米地位協定は、日米安保条約の細目について定めたもので、旧条約時代には「日米行政協定」と称されていた（安保改定にともない現在のかたちとなった）。同協定で、在日米軍による基地の管理権と裁判管轄権・捜査権といった特権保持や、日本側の経費負担などが定められていることについては、様々な議論がある。たとえば一九九五年の沖縄少女暴行事件では、アメリカ軍側が日米地位協定にもとづき犯人の日本側への起訴前の身柄引き渡しを拒んだため、同協定の改定論が高まった。

ただし、アメリカとしては日本以外の同盟国と結んでいる同種の協定とのバランスや、海外駐留に対するアメリカ国民の支持を確保するなどの事情から、改定には消極的である。[52] 他方、少女暴行事件を受け、一九九五年一〇月二五日に日米合同委員会（日米地位協定の実施に関する日米両政府の協議機関）が、殺人や強姦などの凶悪事件については起訴前であっても容疑者の日本側への身柄引き渡しを可能とする、刑事裁判手続きに関する「運用改善」に合意した。また、非公開を原則とする日米合同委員会での合意の公表について、努力するものとされている。[53] 今後も沖縄を中心に、米軍基地の受け入れ側の切実な声に耳を傾けていく必要がある。

そのうえで、負担軽減策とともに、安全保障の現実との齟齬をきたすことのないよう、第三者的視点に留意しておかなければならない。特に普天間飛行場移設問題の文脈では、第三者的視点を欠いた負担軽減策はむしろ同基地の危険性の除去を遅らせることになるというのが、ここ三〇年近く続く議論のなかでの学びではなかっただろうか。

日米安保条約は、極東条項により、アメリカ軍は日本の基地を日本防衛のためだけでなく、極東有事でも使用することができるとしている。このことは戦後日本の一国平和主義的な安全保障観に根ざす日本的視点からは、日本が「日本と関係のない外国」でのアメリカの戦争に巻き込まれることになるのではないかとの心配のタネにされてきた。

それに対して打たれた手が、事前協議制度で極東有事における在日米軍の直接戦闘作戦行動を制約することであった。だがこのこと自体は、なぜ日本が極東有事の際にアメリカ軍が自国の基地を使用することを許すのかという疑問への直接の答えにはならない。また事前協議制度には朝鮮密約という抜け穴もあった。「物と人との協力」という言葉に表されるように、アメリカ軍による日本の基地使用こそが日米同盟の中核であるが、日本的視点からは基地使用については不可解なことだらけである。

*

しかしここで第三者的視点に立つと、景色が変わって見えてくる。日本の安全は「極東一九〇五年体制」という地域秩序のなかで守られている。ここ一〇〇年以上続く、実はもはや伝統的ともいえる秩序の在り方である。

この秩序の土台となっているのが、「米日・米韓両同盟」という安全保障システムである。日米同盟もそのなかの一機能なのだ。なぜ日本が極東有事の際にアメリカ軍が自国の基地を使用することを許すのか、ではなく、日本が極東有事におけるアメリカ軍の基地使用を許すことで、「米日・米韓両同盟」という安全保障システムが有効に機能し、結果的に「極東一九〇五年体制」が維持されるのである。

ここで朝鮮密約という不健全な仕組みがつくられたのは、日本的視点と、日米同盟の現実とのギャップを埋めることができなかったからだといえる。

いずれにせよ、基地使用の分野において重要なのは、日本的視点に立ち、日本が極東有事に巻き込まれないようにいかに在日米軍の行動を制約するか、ではない。「極東一九〇五年体制」の維持という戦略的・地政学的視点から、日本単独有事か極東有事かを問わず、アメリカ軍による日本の基地の使用を実効的なものとするために、平素から日米両国が調整・協力をおこなっていくことである。日本側の適切なホスト・ネーション・サポートに加え、受け入れ側の負担の軽減も、基地使用の安定性を確保するという文脈で重要になる。

岸田文雄政権が策定した「二〇二二年国家安全保障戦略」も韓国について、それ以前に見られた関係悪化にもかかわらず、「地政学的にも我が国の安全保障にとっても極めて重要な隣国」と記している。台湾についても新たに、民主主義を含む基本的な価値観を共有し、緊密な経済関係と人的往来を有する「極めて重要なパートナーであり、大切な友人」とうたわれた。戦略的・地政学的観点から、韓国と台湾を日本と同一陣営にグリップし続ける重要性が再確認されたといえよう。

一方、近年における中国の台頭と覇権主義的行動は、「極東一九〇五年体制」を揺るがすことになるおそれがある。ここで課題となるのは、第一に、「極東一九〇五年体制」の支柱たる「米日・米韓両同盟」を強化することである。

まず、日本と韓国の関係は、歴史認識問題などをめぐり必ずしも常に良好というわけではない。近年では安全保障面でも、二〇一八年一二月二〇日に韓国海軍が海上自衛隊の哨戒機に火器管制レーダーを照射したり、二〇一九年八月二二日には韓国政府が日本との軍事情報包括保護協定（GSOMIA）の破棄をちらつかせたりする問題が起こった経緯がある。こうした日韓関係の難しさにこそ、アメリカが両国のあいだに介在する意味があるわけだが、とはいえ日韓関係の極端な悪化はウィーケスト・リンク（もっとも弱い鎖の環）になりかねない。

また、アメリカと韓国の関係にも留意が必要である。トランプ政権期には在韓米軍撤退論が浮上した。また韓国の対中国貿易依存度の高さも踏まえると、[54]韓国が中国に接近していくことになる可能性もなくはない。米韓同盟が弱体化すれば、やはり「米日・米韓両同盟」がぐらつくことになる。

この点で、二〇二三年八月一五日に韓国の尹錫悦大統領が、日本に置かれている朝鮮国連軍の後方基地が「北朝鮮の侵攻を遮断する最大の抑止要因だ」と述べたことに加え、[55]その直後の一八日に岸田総理、バイデン大統領、尹大統領がアメリカ大統領の保養地キャンプ・デービッドでの会談で三国間の安全保障上の連携強化で一致したことの意義は大きい。

ただし、アメリカも韓国も対外政策をめぐって国内の分裂を抱えており、政権交代が起こると先行きが見通せなくなる現実もある。極東有事におけるアメリカ軍による日本の基地の使用を実効的なものとするために、日米両国が平素から調整・協力をおこなっていくとともに、韓国側との認識の共有を深め、キャンプ・デービッドの精神を中長期的に維持できるかが焦点となる。

第二の課題は、「極東一九〇五年体制」のなかで従来「米日・米韓両同盟」と比して希薄であった米台安全保障連携との関係構築である。中国は「台湾解放」のために武力を行使する選択肢を排除しておらず、台湾有事への懸念が高まっているからである。

二〇二一年四月一六日に発表された菅義偉《よしひで》総理とバイデン大統領による日米首脳会談後の共同声明では、「台湾海峡の平和と安定の重要性を強調するとともに、両岸問題の平和的解決を促す」と明記された。日米首脳の共同声明で台湾問題に言及されたのは、佐藤＝ニクソン共同声明以来五二年ぶりのことであった。

一方、中国の習近平国家主席は二〇二二年一〇月一六日に開かれた中国共産党大会で、台湾統一のために「決して武力行使を放棄せずあらゆる必要な措置をとるという選択肢を残す」との強硬姿勢を示した。これについてアメリカのウィリアム・バーンズ中央情報局（CIA）長官は二〇二三年二月二日の講演で、習近平が「二〇二七年までに台湾侵攻を成功させるための準備を人民解放軍に指示したことをインテリジェンス（情報）として把握している」と語っている。[56]

アメリカのシンクタンク戦略国際問題研究所（CSIS）が二〇二三年一月九日に発表した台湾有事のシミュレーションでは、大半のケースで中国は台湾島制圧に失敗するものの、日米同盟側も多数の艦船や航空機を失うなどの小さくない損失を出す分析となっている。[57]その場合であっても、日本がアメリカ軍による基地の使用を認めることは「基本想定」だ。

そこで、たとえば台湾有事におけるアメリカ軍の日本の基地からの直接戦闘作戦行動に関する事前協議の在り方が論点となるであろう。アメリカが軍事介入を決断した場合、在日米軍基地の使用を必要とするアメリカは、日本にそのための事前協議を申し出てくるだろう。このことを協議するために日米間でSCCが開催されると考えられ、日本の時の内閣が、国家安全保障会議（NSC）での審議も経て、諾否を閣議で決定することになる。

その過程で、アメリカ軍の攻撃を受けることになる相手側は日本に、「日本が在日米軍による直接戦闘作戦行動のための基地使用を許せば、日本も攻撃対象とみなす」との脅しをかけてくることは十分考えられることである。しかしこの決定的な局面で日本が、アメリカ軍による日本の基地の使用によって日本が紛争に「巻き込まれる」ことになるとひるめばどうなるか。台湾防衛が成り立たず、結果的に日本自身の安全を危うくするおそれがあると見なければならないだろう。

なお台湾有事における事前協議についての日本政府の公式見解は、二〇二三年三月六日の岸田総理の国会答弁にある通り、「我が国の自主的な判断の結果としてイエスと答えることもあればノーと答えることもあり得る」というものである。同時に、「極東の安全なくしては我が国の安全を十分確保し得ないという認識」の下に、「我が国の安全に直接又は極めて密接な関係を有するかどうかという見地から対処する」とされている。

またこれ以外の論点として、たとえば防衛省防衛審議官を務めた真部《まなべ》朗《ろう》は、台湾有事の際に台湾空軍機が在日米軍基地への退避を求めてきた場合に日本はどうすべきか、を問うている[58]。さらに、地上発射型中距離ミサイルの在日米軍基地への配備についても議論が続いている。一九八七年一二月八日に署名された中距離核戦力（ＩＮＦ）全廃条約にもとづいてアメリカは地上発射型中距離ミサイルを全廃したが、条約の規制にしばられない中国は二〇〇〇発近く保有している。そこで二〇一九年八月二日の同条約失効後、このような「ミサイル・ギャップ」を埋める手立てが検討されている。

一方韓国は、台湾有事への関心が日本ほどは高くないといわれる。たとえばブッシュ（子）政権が、在韓米軍を広い範囲で標的を攻撃する目的で利用できるようにする提案をおこなった際、韓国は台湾有事に巻き込まれることを恐れて拒否したとされる。[59] 韓国が米韓首脳会談で台湾に初めて言及したのも、二〇二一年になってようやくであった。[60] やはり要になるのは日本の米軍基地である。

ただし日本・アメリカ・韓国・台湾側は、朝鮮・台湾同時有事が発生する可能性も警戒しなければならないであろう。たとえばアメリカのシンクタンクであるアトランティック・カウンシルによる二〇二三年八月一六日のレポートでは、台湾有事の際に中国が在韓米軍基地を脅威とみなして攻撃したり、北朝鮮が中国からの教唆を受けるなどして行動に出たりするリスクを紹介している。[61] このような複合型有事において、日本の基地がアメリカ軍の発進拠点として適切に機能するか、アメリカ・韓国・台湾側と認識の共有を図っていくことが重要であろう。

アメリカ軍による日本の基地の使用を介してそもそも極東地域の安全保障と密接な関わりを持つ日米同盟を、日本的視点でとらえることには限界があり、第三者的視点を交えることが有益だ。実はそのことは、次章で見る「部隊運用」についても、共通して当てはまる見方なのである。

第2章　部隊運用

共同訓練で米原子力空母「カール・ビンソン」と並走する海上自衛隊のイージス艦「あしがら」（左）と護衛艦「さみだれ」（後方）。2017年4月26日、フィリピン海（米海軍提供、写真＝時事）

日米同盟は、「物と人との協力」との表現の通り、アメリカ軍による日本の基地の使用を中核としている。

一方、日米安保条約は第五条で、日本の施政下にある領域における日米いずれかへの攻撃に対し、日米両国が「共通の危険に対処するように行動する」と宣言している。実力組織による作戦行動、すなわち「部隊運用」の分野で、日米両国が協力するということである。このように日米同盟は、基地使用にもとづく「物と人との協力」を主軸としながらも、部隊運用についての「人と人との協力」という側面も有している。

二〇二二年安保三文書で注目された「反撃能力」の保有も、ここに関わってくる。反撃能力とは、日本に対する弾道ミサイル攻撃などがおこなわれた場合に、相手の領域において、日本が有効な反撃を加えることを可能とする、スタンド・オフ（敵の射程圏外）防衛能力などを活用した自衛隊の能力を指す。具体的には、陸上自衛隊の12式地対艦誘導弾の射程（約百数十キロメートル）を約一〇〇〇キロメートルへ延伸したり、改良したりしたものや、アメリカ製巡航ミサイル・トマホーク（射程約一二〇〇キロメートル以上）などのミサイルが想定される。

反撃能力の保有に対しては、相手国を刺激することになるという批判もある。ただ、日本が反撃能力を保有するか否かにかかわらず、北朝鮮や中国が軍備増強をやめる見通しは暗い。一方で、日本を標的としたミサイル攻撃への対応として、弾道ミサイル防衛システムによる迎撃は完璧ではないという現実がある。反撃能力は、可能であれば相手側による攻撃着手の時点で反撃することで第一撃を防ぎ、あるいは第一撃が加えられたのちの反復攻撃を阻止する効果があるので、日本へのミサイル攻撃に対する抑止につながる。またこのような能力の保持は、前章で見た中国とのミサイル・ギャップを埋める手立ての一つとなり、台湾有事を抑止する力を向上させるだろう。

従来、有事の際の日米間の分担として、自衛隊が「盾」、アメリカ軍が「矛」の役割を担うとされてきた。これに対し、これまで日本が持たないとしてきた反撃能力の保有は、自衛隊も部分的に「矛」の役割を担うようになることを意味している。

「自衛隊が盾、アメリカ軍が矛」という役割分担といったような、自衛隊とアメリカ軍の部隊運用上の指針として定められているのが、ガイドラインと呼ばれる文書である。

ガイドラインは、日米安保条約の下、日米両政府の合意によって策定される文書で、日本有事やそれ以外の場合などに自衛隊とアメリカ軍が共同で対処するための、具体的な協力や役割分担について定めている。そしてガイドラインにもとづいて、日米間で共同作戦計画の研究や共同演習、共同訓練などの協力がおこなわれている。

日本が反撃能力を保有するとしたことで、自衛隊とアメリカ軍の役割分担をこれまでのように単純に「盾と矛」とみなすことはできなくなった。それにともない焦点となるのが、ガイドラインにも定められている日米間の指揮権の調整についてである。

部隊運用でもっとも重要なのは、その部隊は誰の命令で動くのか、ということである。このように部隊を指揮する権限が指揮権である。そして二か国以上の部隊が参加する「連合」作戦の場合、国家間で指揮権の扱いを調整しなければならない。なお連合（combined）とは、国家間の軍のまとまりを指す。これに対し「統合」（joint）は、一国内の陸海空軍などの異なる軍種がまとまることを意味する。

指揮権調整の在り方には、後述のようにいくつかのタイプがあるが、日米同盟の場合、ガイドラインで、平時・有事を問わず、自衛隊の指揮権は日本が、アメリカ軍の指揮権はアメリカが持つと決まっている。このような指揮権調整の体制を指揮権「並列」型という。これに対し、日米同盟以外で西側の主要な同盟である米韓同盟やＮＡＴＯの場合は、指揮権を統一する指揮権「一体」型の体制をとっている。

日米同盟が指揮権並列型体制をとっていることは、「自衛隊が盾、アメリカ軍が矛」という役割分担がなされている限りは、さほど問題にならなかったと考えられる。たとえば、一九九〇年代半ばに航空幕僚長を務めた村木鴻二《こうじ》は、航空作戦をめぐる指揮権について言及するなかで、自衛隊が防空を担当し、アメリカ軍が敵基地攻撃を担当するというように任務が異なれば、指揮権は別々でもよいという趣旨のことを述べている。[1]

一方、村木は続けて次のようにも指摘する。「空自も作戦目的が敵策源地攻撃みたいな話の中で共同作戦をやるとしたら、難しい。やっぱり〔指揮権は〕ひとつでないとできない」。こうした指摘を踏まえると、「自衛隊が盾、アメリカ軍が矛」という役割分担を見直し、自衛隊も反撃能力の保有によってアメリカ軍とともに矛の役割の一端を担うようになれば、日米間の指揮権調整の在り方が焦点になってくると考えられる。

ここで、連合作戦における部隊運用の要である指揮権調整を、あくまで日米二国間の問題とみなし、一国平和主義や憲法解釈をめぐる必要最小限論のような日本側の願望や都合にもとづいて処理しようとする見方、すなわち日本的視点でとらえることには限界がある。第1章では、基地使用の分野で、日米同盟が「米日・米韓両同盟」の一機能でもあるとする第三者的視点を紹介した。それだけでなく、日米同盟は実は部隊運用の分野でも、米韓同盟の影響を受ける。

1 日米同盟における指揮権

一九七八年ガイドラインの策定

ガイドラインは一九七八年に初めて策定されて以来、一九九七年、二〇一五年に改定され、今日（二〇二四年三月現在）にいたっている。

たしかに一九七八年以前から、有事を想定した日米共同計画は存在していた。ただし、これらの計画は政府によって公認されたものではなく、あくまで両国の制服組（自衛官とアメリカ軍人）レベルで作業されたものにとどまっていた。内容についても、自衛隊とアメリカ軍の役割分担が不明確であるなど、あいまいな点があった。

その背景には、日本側で有事研究がタブー視されていたことがあった。たとえば一九六五年に騒がれた「三矢《みつや》研究」事件がある。三矢研究とは、自衛隊の極秘の有事研究で、昭和「三八」年におこなわれた研究であることと、陸海空「三」自衛隊の統合を戦国大名毛利元就《もとなり》の三本の矢の故事にかけたことからこの名がつけられた。ところが一九六五年二月一〇日の国会で、社会党の岡田春夫議員が三矢研究の存在を暴露し、有事研究の実施を「制服の暴走」と印象づけたことで大騒ぎになった。こうした経緯もあり、日米間においても、本来必要とされる有事を想定した公式かつ具体的な部隊運用指針の策定はなされないまま放置されていた。

こうした状況から一転し、ガイドライン策定にいたったのは、一九七五年三月八日の国会での社会党の上田哲《てつ》議員による質問が契機であったとされている。この日の国会で上田は、政府を追及するネタとして、海上自衛隊とアメリカ海軍のあいだで「海域軍事秘密協定」が存在するという疑惑を取り上げた。

上田のねらいは、防衛問題で政府側を萎縮させることにあったが、野党側にとっては結果的にこれがやぶへびとなった。坂田道太《みちた》防衛庁長官は萎縮するどころか、上田質問を逆手にとる。坂田は四月一日の国会で、海域軍事秘密協定なるものは存在しないが、むしろ日米防衛協力について「詰め」をおこなわなければならない、そのことをジェームズ・シュレジンジャー米国防長官と話し合いたいと答弁し、上田を驚かせたのだった。

ただしすでに上田質問以前から、アメリカ側が日本側に共同計画の公式化・具体化を求めてきていた事実がある。[2] そのため近年の研究では、ガイドライン策定のトリガー（引き金）として必ずしも上田質問に重きが置かれているわけではない。たとえばこのテーマでの最先端の研究は、一九六九年夏以降にアメリカ議会が同盟国との秘密の共同計画の存在を問題視するようになっており、このことがガイドライン策定、すなわち日本との共同計画の公式化・具体化につながったのではないか、としている。[3]

いずれにせよ、坂田は国会で示唆したように一九七五年八月二九日にシュレジンジャーと会談し、日米間の作戦協力に関する協議・研究の場を設けることに合意した。そして翌一九七六年七月八日に、局長級の日米防衛協力小委員会（SDC）が設置される。SDCでの交渉を経て、一九七八年一一月二七日に福田赳夫政権とカーター政権は、SDCの上部機構である日米安全保障協議委員会（SCC）の場で、初のガイドラインを策定した。「一九七八年ガイドライン」である。これにより、日米同盟における部隊運用の指針が公式化・具体化されたといえる。

一九七八年ガイドラインは、日米安保条約が想定する日本有事（五条事態）と極東有事（六条事態）のうち、前者を対象としている。そのうえで、日本有事における共同対処のために、自衛隊とアメリカ軍が、共同作戦計画について研究すること、共同演習・共同訓練を実施することとしている。また日本有事の際の役割分担として、自衛隊が港湾・海峡防備や防空などの防勢作戦をおこなう、つまり「盾」の役割を担うことになる。一方アメリカ軍は、打撃力の使用などにより、「矛」として自衛隊を支援・補完する作戦をおこなう。さらに指揮権については、並列型体制をとることが明記された。

ガイドラインにもとづき、これ以降、自衛隊とアメリカ軍の共同演習・共同訓練が活発化するようになる。たとえば一九八〇年二月に海上自衛隊はアメリカ海軍が主催する多国間演習である環太平洋合同演習（RIMPAC）に初めて参加した。

一九九七年ガイドラインから二〇一五年ガイドラインへ

ただし前述の通り、一九七八年ガイドラインは日本有事のみを対象としており、極東有事における日米共同対処については沈黙していた。日本の野党や世論の反発が想定されたからである。ここでも、日本有事と極東有事を切り離して考えようとする日本的視点が垣間見える。

しかしこのような日本的視点の限界が冷戦終結後に表面化する。一九九三年から一九九四年にかけて、北朝鮮が核不拡散条約（NPT）脱退を表明し、国際原子力機関（IAEA）の査察を拒否したため、クリントン政権が北朝鮮への軍事行動を検討した第一次北朝鮮核危機が起こった。もしこの時アメリカが北朝鮮を攻撃し、「極東有事」が生起することになっていても、自衛隊によるアメリカ軍への後方支援などの共同対処は、そのための指針がない以上、きわめて困難だったであろう。その場合、日米間の信頼関係が損なわれた可能性がある。

危機そのものは結果的に回避されたものの、こうした部隊運用に関する不備を放置しておくわけにはいかなかった。またそもそも、冷戦後の日米同盟の存在意義を再確認しておく必要もあった。そこで一九九六年四月一七日、橋本龍太郎総理とクリントン大統領のあいだで、「日米安全保障共同宣言」がとりまとめられた。同宣言は日米同盟について、これまでのような「冷戦型の対ソ同盟」であることから、「冷戦後のアジア太平洋における安定化装置」として再定義した。「日米安保再定義」である。

日米安保再定義にもとづき、一九九七年九月二三日、ガイドラインは日本有事に加え、「周辺事態」も対象に含めるものへと改定された。これ以後のガイドラインは、SCCを改組した2プ

ガイドライン	概　　要	指揮権調整
1978年ガイドライン	• 日本有事	「それぞれの指揮系統に従って行動する」
1997年ガイドライン	• 周辺事態 • 「日米共同調整所」の設置・活用	「各々の指揮系統に従って行動する」
2015年ガイドライン	• グレーゾーンの事態を含む多様な事態 • グローバルな課題 • いわゆる「新領域」（宇宙・サイバー・電磁波） • 「同盟調整メカニズム」（ACM）の設置	「緊密に協力し及び調整しつつ、各々の指揮系統を通じて行動する」

【表2-1】ガイドラインの変遷と指揮権調整
出典：筆者作成

ラス2（日米間の外交・防衛閣僚級協議体）の場で策定されている。

周辺事態とは、「日本周辺地域における事態」で、「日本の平和と安全に重要な影響を与える場合」を指す。「周辺」と「極東」のちがいについては次章で説明しよう。なおこの「一九九七年ガイドライン」のための国内法が、一九九九年五月二八日に制定された周辺事態法である。周辺事態法は、二〇一五年九月の平和安全法制制定にともない重要影響事態法に改正された（これについても次章で詳述する）。

このように一九七八年ガイドラインは日本有事を、一九九七年ガイドラインはこれに加えて周辺事態を対象としていた。しかし近年における中国の覇権主義的行動や、想定される有事のシナリオなどを踏まえると、平時・周辺事態・日本有事を明確に区別することは困難だと考えられるようになってきた。たとえば日本の尖閣諸島に漁民を装った中国の武装集団が上陸するケースなど、平時と有事の中間としての「グレーゾーン」の事態などが想定され、これにシームレス（切れ目なし）に対処することなどが必要とされるようになったからである。

そこで安倍晋三政権とオバマ政権のあいだで、二〇一五年四月二七日に新たなガイドラインが策定された。「二〇一五年ガイドライン」は、グレーゾーンの事態を含む多様な事態や、グローバルな課題、宇宙・サイバー・電磁波といったいわゆる「新領域」などを対象としている（表2－1）。

同盟と指揮権

日米間の部隊運用上の指針であるガイドラインは、共同対処における指揮権の扱いについても規定している。

指揮権には、軍の行政や内部編成など、全般的事項に関する責任と権限を指す場合と、軍事作戦に限定したもののみを指す場合があるが、本書では厳密に区別しない。

またここでの指揮権は、政治レベルではなく、部隊運用レベルについて扱う。日本でもアメリカでも、「文民統制」（シビリアン・コントロール）の原則にもとづき、実力組織に対する最高指揮命令権者は、総理大臣・大統領という文民政治指導者である。「文民」（civilian）とは、自衛官や軍人ではない者を指し、文民統制とは、軍事は民主主義的な政治の統制に服するという原則のことである。本書で扱う指揮権は、こうした政治レベルでの統制の下での、部隊運用レベルのものを対象にし、同盟におけるその位置づけを見ていくことにする。

同盟国間での指揮権調整の在り方の一つが、指揮権一体型体制である。イメージとしては、たとえば第一次世界大戦でフランスやイギリスなどの連合国が、フランス人のフェルディナン・フォッシュ将軍を連合国軍総司令官に立てたことなどである。また第二次世界大戦でも、ヨーロッパで西側連合軍全体の指揮をとったのは、アメリカ人であるアイゼンハワー将軍であった。アイゼンハワーは戦後にアメリカ大統領になる。

このように同盟国間の連合作戦で単一の「連合軍司令官」が立てられ、同盟参加国の軍隊がその指揮下に入るかたちで指揮権が統一される場合があるのは、その方が効率的なオペレーションを実施できるからである。野球であれサッカーであれ、監督が二人いるというチームはないだろう。また「連合軍司令部」体制をとることで、連合作戦をおこなううえで同盟国間の情報共有や政策・運用面での調整が制服レベルではかりやすい。またこれによって、同盟国間の制服レベルでの一体感も醸成されるだろう。連合軍司令部は、有事に際し緊急的に設立する場合もあれば、平時から常設されている場合もある。

米韓同盟とNATOにおける指揮権調整

たとえば米韓同盟では、平時から米韓連合軍司令部が設置されている。米韓連合軍司令官はアメリカ人である。そしてアメリカ人たる米韓連合軍司令官が、有事において在韓米軍と韓国軍から成る米韓連合軍の指揮権（作戦統制権）を持つ。副司令官には韓国人が当てられている。米韓連合軍司令官は、かつては平時から韓国軍の指揮権を保持していたが、冷戦終結後の一九九四年

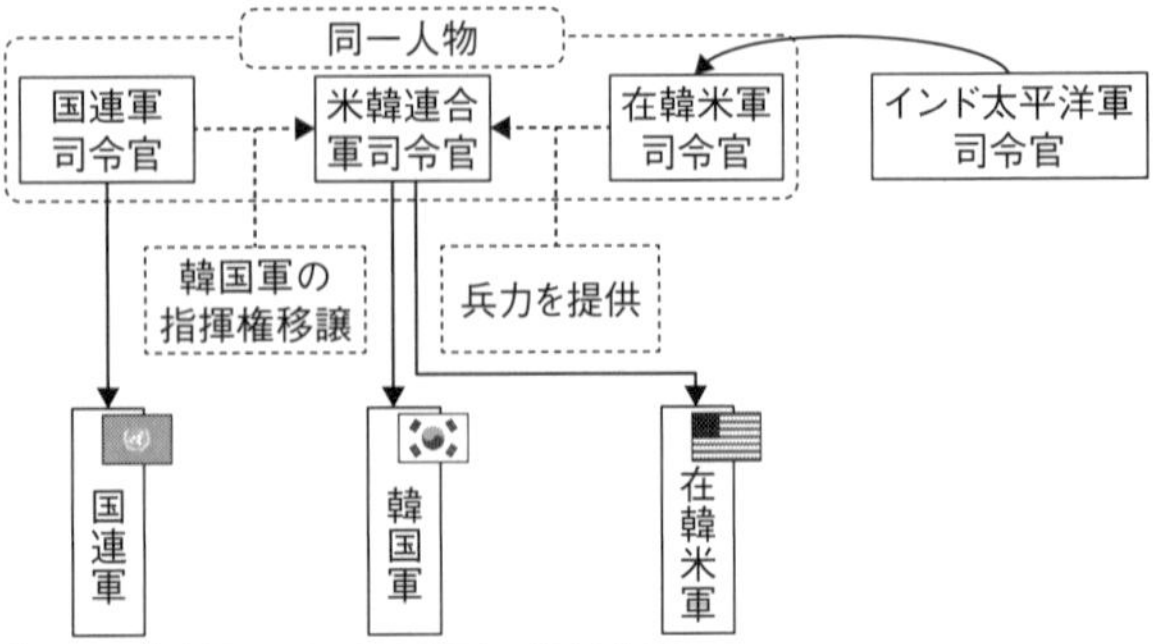

【図2-1】韓国における米軍の指揮体系
出典：筆者作成

一二月一日に平時の指揮権は韓国側に返還され、有事指揮権のみを保持することになった。

もう少し話を続けると、アメリカ人司令官が韓国軍の指揮権を持つようになったのは、朝鮮戦争勃発直後の一九五〇年七月一四日に、韓国の李承晩大統領が韓国軍の指揮権をアメリカ人である国連軍司令官、すなわちマッカーサー元帥に移譲したことにはじまる。その後一九七八年一一月七日に米韓連合軍司令部が創設された際、韓国軍の指揮権は国連軍司令官から米韓連合軍司令官に移譲された。

といっても、国連軍司令官のポストと米韓連合軍司令官のポストは、実は同一人物が兼務するので、司令官個人の立場で見ると、自分が自分に指揮権を移譲した、ということになる。また米韓連合軍といういわばハコに対し、アメリカ側から実際の兵力を注入するのは在韓米軍だが、在韓米軍司令官も実は米韓連合軍司令官が兼ねるポストなので、やはり自分が自分に兵力を提供することになる。要するに、米韓連合軍司令官と国連軍司令官と在韓米軍司令官は同一人物であり、在韓米軍と韓国軍と国連軍はその指揮下で事実上一体的に運用される、ということである（図2－1）。

このように国や国際機関の部隊をまたいで、それぞれの部隊の司令官を同一人物に兼務させることでこれらの部隊を一体的に運用する、というアメリカ軍の指揮体系の特徴は、記憶にお留めおきいただきたい。

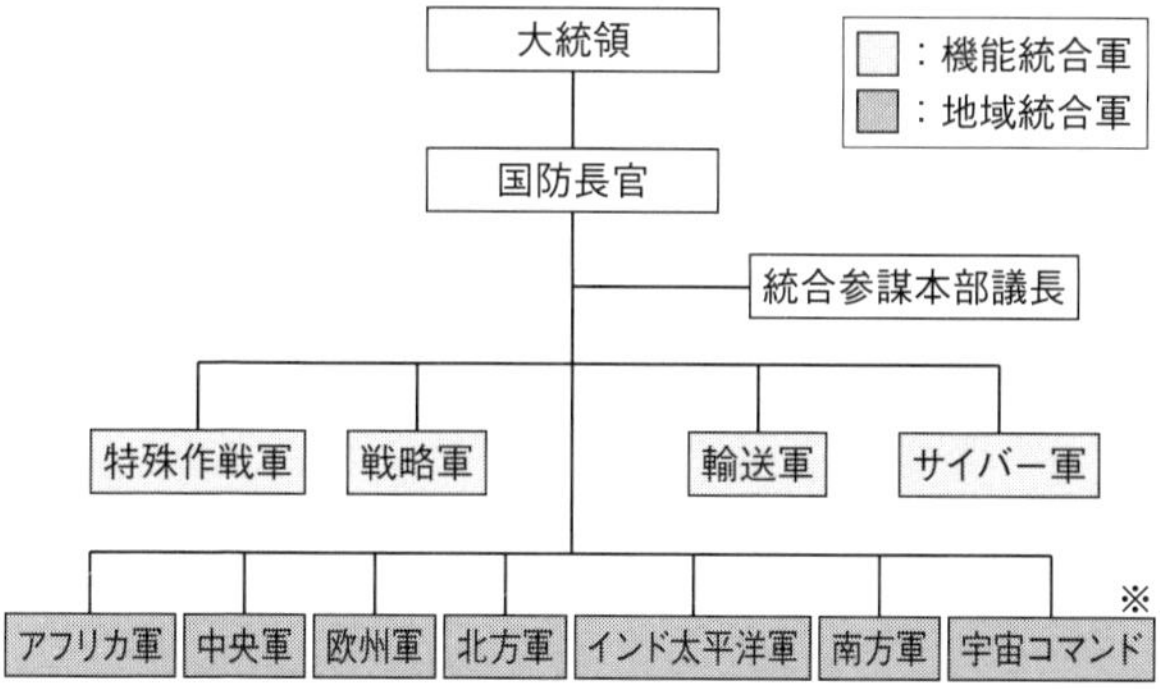

※2019（令和元）年８月、地域統合軍として発足

【図 2-2】アメリカの地域統合軍と機能統合軍
出典：『防衛白書』2019 年版〈http://www.clearing.mod.go.jp/hakusho_data/2019/html/n12102000.html〉を元に作成

NATOの場合も、加盟国の全軍が組み入れられるわけではないとはいえ、最上級司令部としてヨーロッパ連合軍最高司令部を持つ連合軍司令部体制をとる。最高司令官はアメリカ人で、副司令官はイギリス軍から、ナンバー3の参謀長はドイツ軍から出るのが慣例である。

前述したアメリカ軍の指揮体系の特徴とたがわず、NATOのヨーロッパ連合軍最高司令官もまた、アメリカ軍人として米ヨーロッパ軍司令官というアメリカ軍のポストを兼務している。

米ヨーロッパ軍とは、アメリカ地域統合軍の一つである。アメリカ軍は管轄地域ごとに、七つの統合軍（統合軍は異なる軍種のまとまりの意）を編成している。地域統合軍にはヨーロッパ軍のほかに、インド太平洋軍、北アメリカ担当の北方軍、南アメリカ担当の南方軍、中東担当の中央軍、アフリカ軍のほか、宇宙を担当する宇宙コマンドがある。なおこれらに加えて、機能統合軍として、核作戦の指揮権を持つ戦略軍、特殊作戦軍、輸送軍、サイバー軍の四つがある（図2－2）。

また、米韓同盟とNATOにおいては、こうした部隊運用レベルでの指揮権統一と、政治レベルにおける文民統制との関係の制度化がなされている。米韓同盟の場合は、米韓連合軍司令官に対してはアメリカ・韓国両大統領による国家統帥・軍事指揮機構並びに両国国防相・国防長官による米韓安全保障協議会議（SCM）が統制をおこなう。[4] NATOでも、最高意思決定機関は加盟国の首脳・閣僚および文民の大使から構成される北大西洋理事会であり、軍は同理事会の政治的権威に服する。

ガイドラインにおける指揮権調整

同盟における指揮権調整の在り方については、たとえば米統合参謀本部は三つの類型を示している。[5] 第一に、米韓同盟やNATOのような指揮権一体型である。第二に、指揮権「一国主導」型である。二〇〇三年三月二〇日にはじまったイラク戦争では、アメリカを中心に同盟より結束がゆるやかな「有志連合」が結成された。指揮権一国主導型はこうした場合の指揮権の在り方を指す。そして第三に、指揮権並列型であり、この類型に当てはまるのが前述の通り日米同盟である。

指揮権並列型体制をとる日米同盟では、平時はもとより、有事においても、自衛隊とアメリカ軍の指揮権は統一されず、したがって単一の連合（軍）司令官も立たず、連合（軍）司令部も設立されない。

日米同盟におけるこのような指揮権調整の在り方は、一九七八年ガイドラインで明確になった。すなわち同ガイドラインは、自衛隊とアメリカ軍は、緊密な協力の下に、「それぞれの指揮系統に従って行動する」と定めた。このことは続く一九九七年ガイドラインでも、自衛隊とアメリカ軍は「各々の指揮系統に従って行動する」として踏襲された。さらに二〇一五年ガイドラインも、「自衛隊及び米軍は、緊密に協力し及び調整しつつ、各々の指揮系統を通じて行動する」と規定している。

ここで日米双方の「各々の指揮系統」の仕組みについて確認しておこう。日本では、文民統制の原則にもとづき、自衛隊法の規定により総理大臣が自衛隊の「最高の指揮監督権」を有し、防衛大臣が自衛隊の「隊務を統括」する。こうした政治レベルでの統制の下に、制服組トップの統合幕僚長が、自衛隊の運用に関して陸海空バラバラではなく一元的に防衛大臣を補佐し、自衛隊に対する防衛大臣の指揮は、統合幕僚長を通じておこなわれる。

防衛大臣の下には陸海空自衛隊それぞれに、陸上総隊司令部、自衛艦隊司令部、航空総隊司令部があるが、「二〇二二年国家防衛戦略」において、陸海空自衛隊の一元的な指揮をおこなういう常設の「統合司令部」を創設することとされた（その後「統合作戦司令部」と仮称されており以下ではこちらの表記を用いる）。念のため言い添えると、これはアメリカとの「連合」司令部ではない。

もともと統合幕僚長には「自衛隊の一元的な運用者」と「文民政治指導者に対する軍事に関す

る専門的助言者」という二つの役割がある。新たな統合作戦司令部の創設とは、統合幕僚長の持つこの二つの役割を分離させ、前者に特化した「統合作戦司令官」ポストを置き、同司令官をトップとして、陸上総隊司令部、自衛艦隊司令部、航空総隊司令部を束ねる常設の司令部を設けるということである。統合幕僚長は、文民政治指導者に対する軍事に関する専門的助言に特化する。

アメリカにおける政治レベルも含めた指揮系統は、まず大統領が軍の「最高司令官」であることが憲法で定められている。大統領の指揮権は、国防長官を通じて軍に発動される。その際、制服組トップの統合参謀本部議長が大統領と国防長官を補佐するが、同議長は指揮権を持たない。

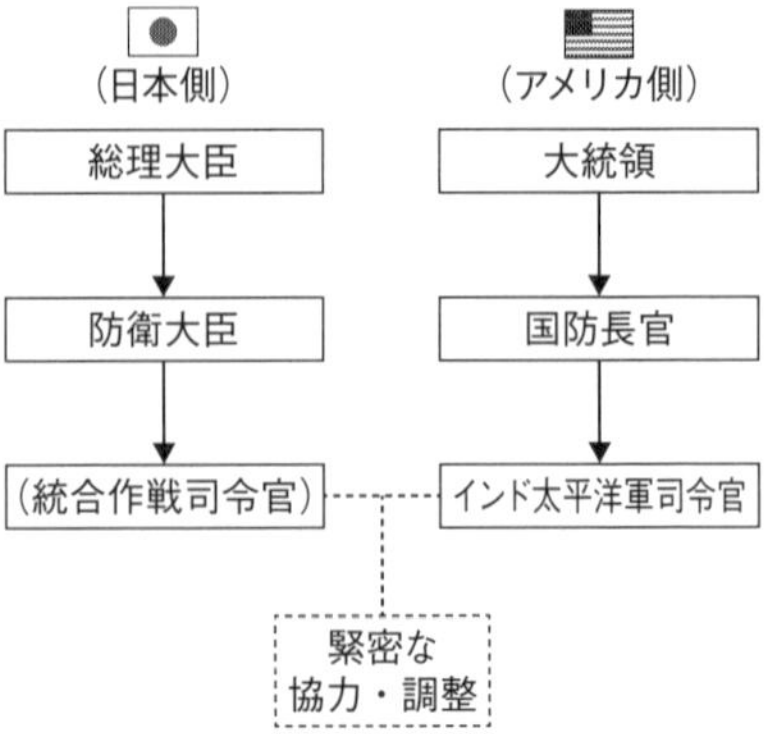

【図2-3】日米同盟における指揮権調整
出典：筆者作成

その下に、前述の通り七つの地域統合軍があり、このうち日本や極東と直接関係を持つのが、ハワイに司令部を置くインド太平洋軍である。かつては「太平洋軍」と称していたが、二〇一八年五月三〇日に名称変更された。よく誤解されるが、在日米軍の指揮権を持つのは在日米軍司令官ではなく、インド太平洋軍司令官である。在日米軍司令部はインド太平洋軍司令部の出先機関のような役割を果たすにとどまる。[6]

つまり政治レベルも含めると、日本側は総理大臣→防衛大臣→（近い将来には）統合作戦司令

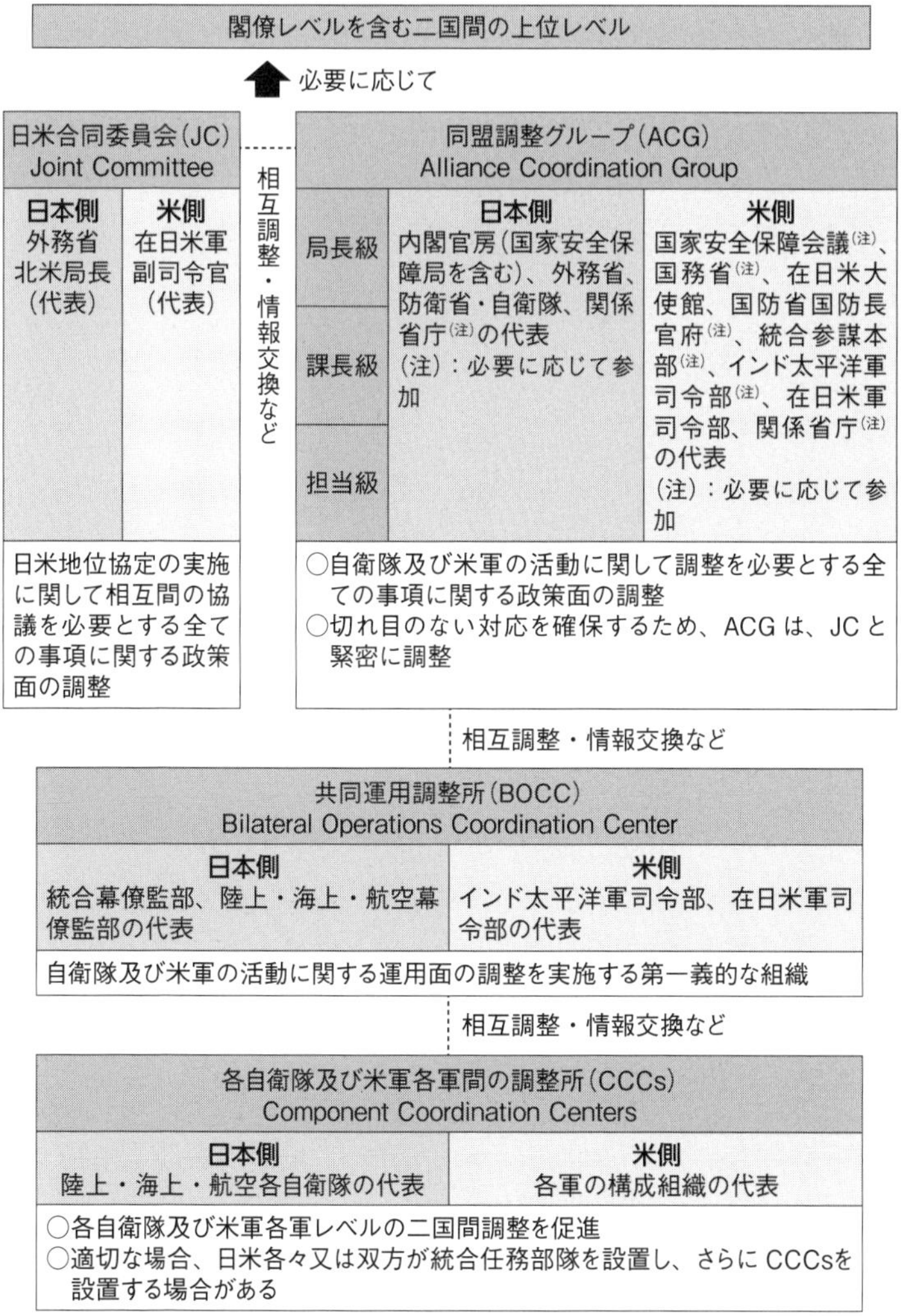

【図 2-4】同盟調整メカニズム（ACM）の構成
出典：『防衛白書』2022 年版〈https://www.mod.go.jp/j/publication/wp/wp2022/html/n320102000.html〉

官、アメリカ側は大統領→国防長官→（インド太平洋地域では）インド太平洋軍司令官という流れの指揮系統がある。そして有事において日米共同対処をおこなう際には、部隊運用レベルで日本側の司令部とアメリカ側のインド太平洋軍司令部などがそれぞれの指揮系統で作戦行動をとりつつ、両者が緊密な協力・調整をおこなう（図2－3）。これが、ガイドラインが規定している日米同盟における指揮権調整の在り方である。

日米間の調整メカニズムとしては、一九九七年ガイドラインは「日米共同調整所」を設置・活用するとした。日米共同調整所は、自衛隊とアメリカ軍が効果的な作戦を共同して実施するため、作戦・情報活動・後方支援について相互に緊密な調整をおこなうための機関である。ただ同調整所は、有事にはじめて設置することが想定されていた。

日米間の調整メカニズムの重要性を再確認させることになったのが、二〇一一年三月一一日の東日本大震災であった。この時、アメリカ軍は災害救援活動「トモダチ作戦」を実施するため、太平洋軍司令官の部下である太平洋艦隊司令官パトリック・ウォルシュ提督の指揮下に米統合任務部隊を編成した。しかし自衛隊側には、ウォルシュのカウンターパートたる統合指揮官がいなかった。[7]

二〇一五年ガイドラインでは新たに、平時から日米間で情報共有や政策面・運用面での調整をおこなう「同盟調整メカニズム」（ACM）が設置された（図2－4）。

集団的自衛権行使違憲論・「武力行使との一体化」論との関連

実はアメリカ軍では、効率性の観点から、同盟国とのあいだで指揮権並列型の体制をとることは通常は避けるべき、とされている。[8]それにもかかわらず日米同盟が指揮権並列型体制をとっているのは、日本側の拒否反応が強いからである。

まず、自衛隊がアメリカ軍の指揮下に入ることでアメリカの戦争に巻き込まれることになるのをおそれる、一国平和主義的な安全保障観がある（なお、指揮権並列型体制の評価については後述する）。

また、集団的自衛権行使違憲論との兼ね合いがある。日本の憲法解釈では、自衛隊は「自衛のための必要最小限の実力」であって、憲法第九条が保持を禁ずる「戦力」ではないといえなければならない。集団的自衛権行使違憲論とは、このような必要最小限論という憲法解釈にもとづき、個別的自衛権の行使は自衛のための必要最小限の範囲内だが、集団的自衛権の行使はそれを超える、とする考え方である。この点についての政府答弁でも、自衛隊がアメリカ軍の指揮下に入ってアメリカ軍の命令の下に行動することは、「それこそ集団的自衛権に抵触をして我が国としての憲法を逸脱する」との見解が示されてきた（二〇〇一年一一月二九日、中谷元《げん》防衛庁長官答弁）。

一方、二〇一五年九月に制定された平和安全法制で、集団的自衛権行使は限定的に容認されることになった。これより少し前の時期からは政府答弁において、集団的自衛権は「国際法上の問題」であるのに対し、指揮権調整は「政治上、運用上の問題」であり、「これらは次元の異なる問題」であるとの見解が示されるようになった。そのうえで、集団的自衛権が行使可能な場合でも、指揮権調整については「我が国が主体的に判断し、行動すべきである」との答弁がなされている（二〇一四年六月六日、小野寺五典《いつのり》防衛相答弁）。

ただし憲法上の問題が消えたわけではない。平和安全法制で認められた集団的自衛権行使は、存立危機事態、すなわち「我が国と密接な関係にある他国に対する武力攻撃」が発生し、これにより「我が国の存立が脅かされ、国民の生命、自由及び幸福追求の権利が根底から覆される明白な危険がある」事態に限定されている。そのため、存立危機事態の認定以前に、平時から日米間で連合司令部を設立することは、主体性の問題にとどまらず、「武力行使との一体化」論に抵触すると考えられる。

「武力行使との一体化」論とは、自衛隊が海外で国際平和協力などを実施する際の考え方である。このことは一九九〇年八月二日のイラクのクウェート侵攻に端を発した湾岸危機への対応、つまりそこでの自衛隊派遣の是非をめぐり、日本の国論が二分された同年秋に国会で示された（一〇月二六日、中山太郎外相答弁）。

自衛隊が海外で国際平和協力などを実施する際、自衛隊と同じ活動に従事している他国の軍隊に補給や輸送といった支援をおこなう場合があるだろう。そうした活動自体は武力行使ではない。しかし、「他の者の行う武力の行使への関与の密接性等から、我が国も武力の行使をしたとの法的評価を受ける場合があり得る」。その場合、つまり他国の軍隊が武力を行使しており、自衛隊の活動が当該軍隊への密接な関与を通じてその軍隊の武力行使と事実上「一体化」することは、自衛のための必要最小限を超えるので、「憲法第九条により許されない」。これが「武力行使との一体化」論である。

このような憲法解釈に従えば、他国とのあいだで平時から連合司令部を設立することは認められない。

こうしたことから、日本にとっては、日米二国間防衛の枠内で、指揮権を切り分けて「並列」させておくことそのものに意味があったわけである。

しかし実際には、日米同盟の指揮権調整の在り方は、これから述べるように極東地域全体におけるアメリカ軍の指揮体系、特に米韓同盟における指揮権や司令部機能の在り方と密接に関係するものであった。一国平和主義や必要最小限論という日本側の願望や都合だけでは、安全保障の現実に直結する指揮権調整問題の全体像は見通せないことになる。

2　極東の米軍指揮体系と日米指揮権調整

指揮権密約による有事指揮権統一

日米同盟が指揮権並列型体制をとることは、前述の通り一九七八年ガイドラインで明確化されたものだが、日本政府はそれよりかなり前から、表立っては、同様の説明をしてきた。たとえば一九五四年三月一五日の国会で岡崎勝男外相は、「〔日米で〕共同動作をとる場合でも、日本の部隊に対する指揮権は日本側にあり、アメリカ側の指揮権はアメリカ側にある」と答弁している。

だが、実態はこれとは異なるものであった。

岡崎答弁の二年前の一九五二年七月二三日、岡崎は吉田茂総理とともにロバート・マーフィー駐日米大使公邸を訪れている。この場には、極東軍司令官マーク・クラーク将軍も同席していた。

極東軍司令官というポストは現在は存在していない。現在の在日米軍の指揮権を持つのは前述の通りインド太平洋軍司令官だが、一九五七年七月一日に極東軍司令部が廃止されるまでは、日本駐留米軍はハワイの太平洋軍からは独立した「極東軍」であり、その指揮権を保持していたのが極東軍司令官であった。

極東軍司令部は東京にあった。というより、もともと日本占領中にはGHQと同一組織だったのであり、極東軍司令官とは連合国軍最高司令官のことであった。なお一九五二年四月二八日にサンフランシスコ講和条約が発効し、クラークは五月一二日に着任したから、七月に吉田たちと会った時には当然クラークに連合国軍最高司令官の肩書はない。

マーフィー大使公邸での会談でクラークが日本側に求めたのは、日米間で有事指揮権について明確化しておくことであった。これに対し吉田は、口頭で、クラークにこう約束したという。「有事の際に単一の司令官は不可欠であり、現状の下ではその司令官はアメリカによって任命されるべきである」[9]。こう言ったのは吉田だが、吉田が言うように仕向けたのはアメリカ側である。これが「吉田＝クラーク秘密口頭了解」、あるいは「指揮権密約」と呼ばれるものである。

この背景には、一九五一年二月以降の日米行政協定締結交渉でのいきさつがあった。日米行政協定は、旧日米安保条約の細目として一九五二年二月二八日に署名されたもので、第1章で述べたように一九六〇年安保改定にともない日米地位協定となった。

この日米行政協定締結交渉の際、アメリカ側は、有事の際には日本とのあいだでアメリカ人が司令官を務める「連合司令部」を設立し、日本の実力組織（当時は警察予備隊）を指揮下に入れるということを規定した条項を、協定のなかに明文で書き入れようとしていた。[10]

これに対し日本側は、そのような規定はせっかくの独立を前に日米間の対等性を損ない、また憲法上の問題も大きいと受け止めて反対した。[11] 結局、行政協定では、有事の際に日米両国が「協議」するとの表現にとどまった。しかしアメリカ側は、警察予備隊は能力や規模の面で弱体すぎ、アメリカの指揮権から独立した作戦行動をとるのは不可能と判断しており、[12] 日米行政協定成立後も有事指揮権統一をあきらめていなかった。そこで日本側の言い分を聞いて行政協定には明文化しない代わりに、密約による処理がなされたのだった。

指揮権密約でいう有事においてアメリカが任命する単一の司令官とは、もちろん日本人ではなくアメリカ人で、具体的には極東軍司令官が想定されていた。[13] イメージされるのは、有事の際、アメリカ人たる極東軍司令官がいわば「日米連合司令官」となって、指揮権が統一されたアメリカ軍と自衛隊から成る「日米同盟軍」を指揮する、という姿である。

「米日・米韓両連合司令官」を通じた連結

日米同盟における指揮権調整の在り方は、表立っては並列型とされたが、実は指揮権密約によって、有事には自衛隊は米極東軍司令官の指揮下に入ることになっていた。

ここでポイントになるのが、指揮権密約によれば有事に自衛隊の指揮権を持つことになる極東軍司令官が、国連軍司令官を兼務していた、という点である。

そうした指揮体系がとられたのは、一九五〇年六月の朝鮮戦争勃発にともない、七月に東京の

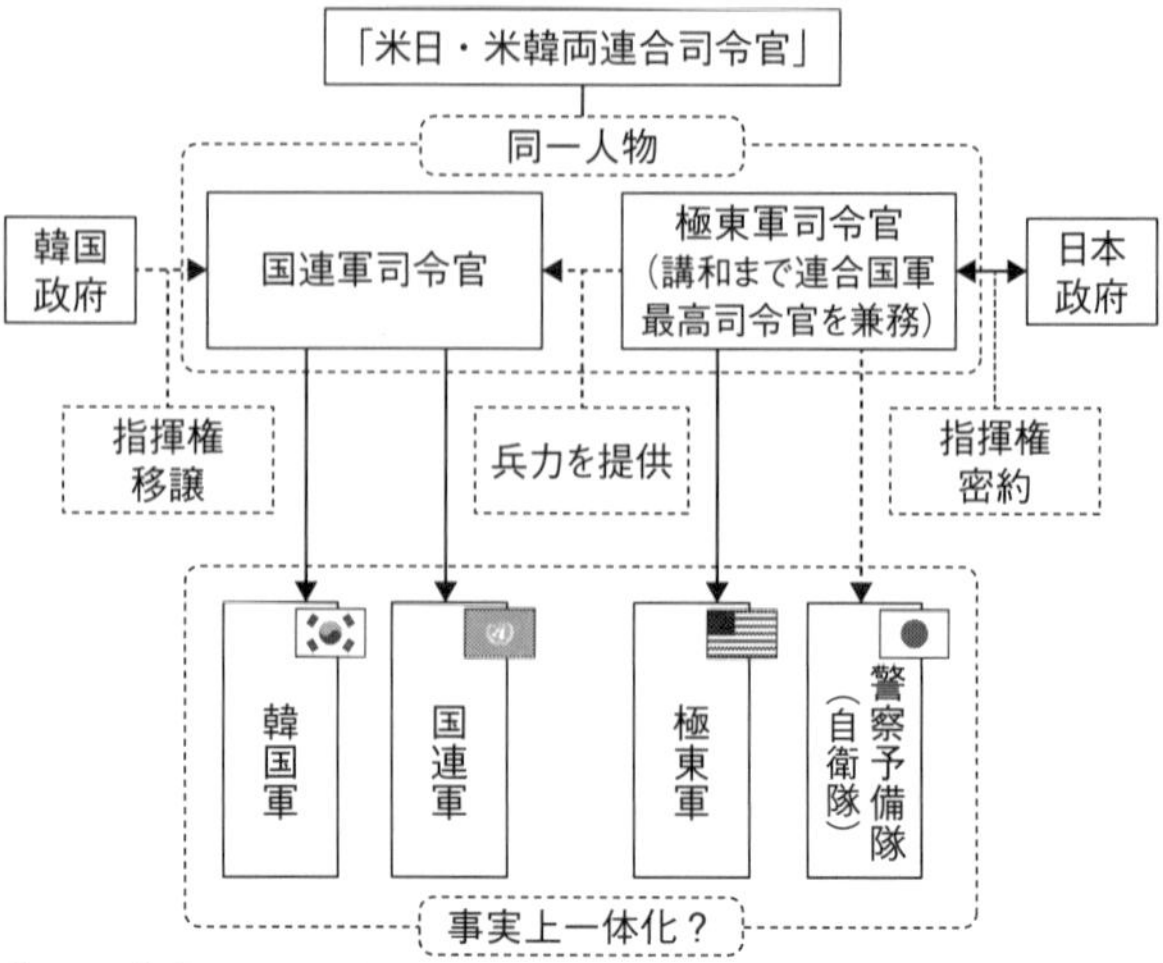

【図2-5】「米日・米韓両連合司令官」
出典：筆者作成

GHQ・極東軍司令部に兼ねて朝鮮国連軍司令部が設置されたことによる（朝鮮国連軍というハコには、アメリカ側からは極東軍が兵力を提供した）。そして前述の通り、国連軍司令官は韓国軍の指揮権を保持していた。

ということは、同じアメリカ人司令官が、ある時は極東軍司令官の帽子をかぶり指揮権密約にもとづいて自衛隊と在日米軍たる極東軍を指揮し、ある時は国連軍司令官の帽子をかぶって国連軍と韓国軍を指揮することになる。だがとどのつまりは同一人物なのだから、自衛隊、極東軍、国連軍、さらには韓国軍までもが、このアメリカ人司令官の一元的な指揮の下で事実上一体化することになる（図2－5）。

ここで前章の議論を思い出していただきたい。前章で論じたのは、日米同盟は単なる日米「二国間」同盟であることを超えて、「極東一九〇五年体制」という近代以降の地域秩序を支える、「米日・米韓両同盟」の一機能でもある、という第三者的視点についてであった。これは基地使用の観点からの議論だが、実は部隊運用の分野でも、日米同盟と米韓同盟（正式には一九五三年一〇月に結成）は事実上の「米日・米韓両連合司令官」の指揮権を通じて、連結しうる関係にあったのだ。

米台同盟との関係

なお、実はアメリカと台湾のあいだでも、一九八〇年一月の米華相互防衛条約失効前の米台同盟時代に、有事における指揮権の統一が議論されていた。

日米指揮権密約が交わされた翌年の一九五三年六月四日、太平洋艦隊司令官アーサー・ラドフォード提督は、台北で台湾の蔣介石総統と会談した。外交史家の松本はる香の研究によると、この席でラドフォードは蔣介石に、「国府〔台湾〕軍の指揮権を米軍側に譲渡することを受け入れることができるだろうか…」と尋ねている。[14]

当時、台湾の国民党政権は、中国本土を追われたのちも、大陸の共産党政権への反攻作戦、すなわち「大陸反攻」をあきらめきれていなかった。ここで想定されたのは、台湾軍が中国大陸への上陸作戦をおこなうのをアメリカ海・空軍が支援する場合に、艦船の出航後、地上軍が指揮をとるまでの間、アメリカ海軍に指揮権を移譲するという方式であった。加えてラドフォードは、上陸の初期段階の作戦にアメリカ軍が参加する場合に、アメリカ軍が撤退するまで、アメリカ側が全地上軍の指揮をとることに同意できるかも、蔣介石に問うている。これに対し蔣介石は、その場でただちに首肯した。

ただ、米台間の有事指揮権統一は、そうした構想が話し合われたにとどまったようである。そもそもそこで想定されていた有事とは、台湾側による大陸反攻という、現実味を欠いた状況であった。

また、仮に台湾が大陸反攻作戦を実施し、米台間で指揮権統一がなされたとしても、そのことと、アメリカ・日本・韓国側の指揮体系とは直接つながることにはならなかったと考えられる。アメリカ側で台湾防衛の任務にあたるため台北に設置されていた米台湾防衛司令部は、東京の極東軍司令部ではなく、ハワイの太平洋軍司令部の隷下にあり、米台湾防衛司令部の司令官は太平洋艦隊の一部である第七艦隊の司令官が兼務していた。なお米台湾防衛司令部は、米台同盟終了にともない一九七九年四月二六日に廃止される。

基地使用の分野と同様に、部隊運用の分野でも、日米同盟と米台同盟の結びつきは日米同盟と米韓同盟のそれには及ばなかったといえよう。

「北東アジア軍司令部」構想の頓挫

ただ、「米日・米韓両連合司令官」の指揮権を通じ、日米同盟と米韓同盟が部隊運用の分野で連結しうる構図は、一九五七年七月に解消された。というのも、一九五三年七月の朝鮮戦争休戦後、アジア太平洋における米軍司令部が再編され、連結の要となる極東軍司令部自体が廃止されたからである。

なおこれ以降、在日米軍は太平洋軍司令部の指揮下に置かれ、また東京の朝鮮国連軍司令部はソウルに移転した。指揮権密約の効力も、口頭での密約という不確かなものであり、また日本側で集団的自衛権行使違憲論が登場したことなどから、グレーの状態となっていった。

　ただし、アメリカ側の都合次第で、極東におけるアメリカ軍の指揮体系が再々編され、極東軍司令部的な機能が復活することはありえた。またアメリカ側が指揮権密約の論理に立って日本側に要求をおこなうことも可能であっただろう。実際に一九七〇年代に入ると、そうした状況が立ち現れることになる。

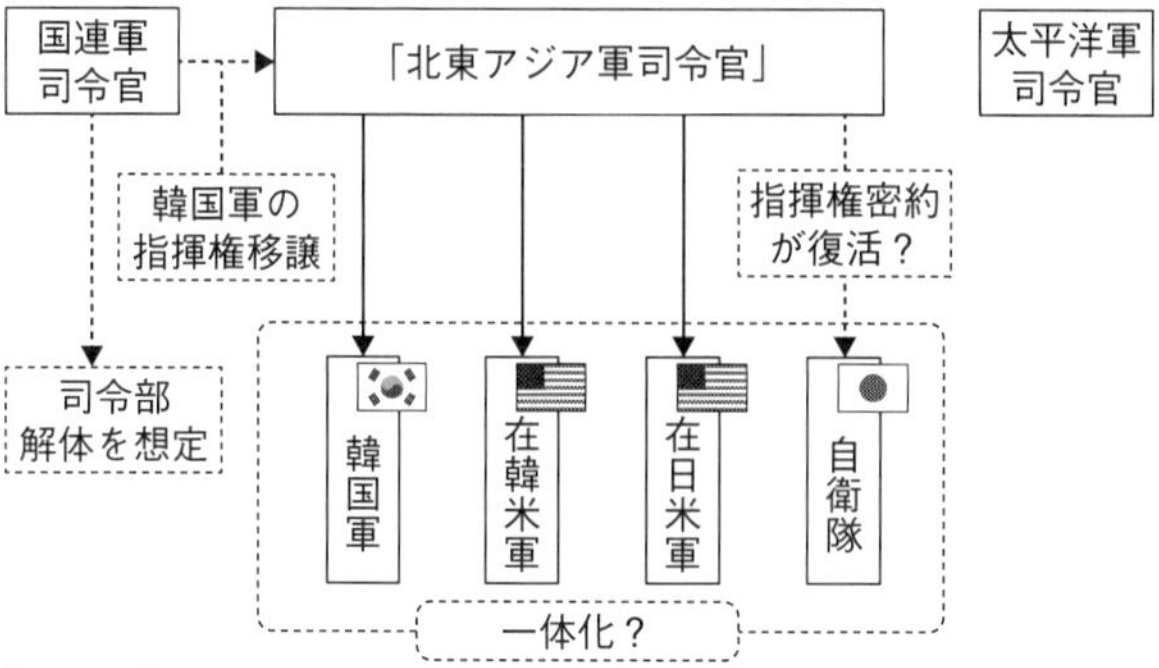

【図2-6】「北東アジア軍司令部」構想
出典：筆者作成

　アメリカは一九六〇年代からベトナム戦争に関与し、太平洋軍司令部が指揮をとった。ところが一九七三年一月二七日のパリ和平協定署名によってアメリカ軍がベトナムから撤退することになると、アメリカ国内で太平洋軍の縮小を求める声が強まった。そこで一九七三年一二月から太平洋軍司令部が検討したのが、在韓米軍と在日米軍を同司令部の指揮系統から分離したうえで統合し、新たな地域統合軍「北東アジア軍」を創設するという構想であった[15]（図2－6）。

　ベトナム戦争終結だけでなく、第1章で見たように一九七二年二月のニクソン大統領訪中でアメリカと中国が和解したことも、極東における米軍司令部再編をうながした。米中和解が果たされた以上、朝鮮国連軍を解体すべきとの声が国際社会で高まったからである。

ただ朝鮮国連軍が解体されれば、韓国軍の指揮権が宙に浮く。実際には中国との調整がつかなかったため朝鮮国連軍は解体されず今日まで存続することになるが、この当時「北東アジア軍司令部」には、朝鮮国連軍解体を見越して、韓国軍の指揮権のアメリカ側の受け皿になることも期待されていた。

「北東アジア軍司令部」と言うと、何やら真新しいもののように聞こえる。だが中身を見れば分かる通り、ここで想定されていたのは、要するに旧極東軍司令部の復活にほかならなかった。ということは、もしこの時「北東アジア軍司令部」構想が実現しており、かつ一九五二年の日米指揮権密約が有効であったとすれば、「北東アジア軍司令官」がかつての極東軍司令官と同様、事実上の「米日・米韓両連合司令官」となりえた可能性がある。

結局、太平洋軍司令部は一九七五年二月一二日までに「北東アジア軍司令部」構想を断念する。[16] 防衛に関する日本と韓国の国情がちがいすぎることや、「日韓間の敵意」により「両国がアメリカなしで同盟関係になることもない」ことから、「既存の太平洋軍司令部の指揮体系が適切」というのが理由であった。このことは同構想の成否とは別に、「極東一九〇五年体制」はアメリカ抜きでは維持できないことを示唆しているといえよう。

米韓連合軍司令部と一九七八年ガイドライン

「北東アジア軍司令部」構想は頓挫したが、当時はその後も依然として朝鮮国連軍解体が現実味を帯びており、その場合を想定した韓国軍の指揮権の受け皿を設けておくことが引き続き必要とされていた。そこで一九七四年三月二九日にニクソン政権が提起したのが、米韓連合軍司令部創設構想であった[17]。

一九七八年一一月、米韓連合軍司令部が創設された。これにより、韓国軍の指揮権は国連軍司令官から米韓連合軍司令官に移譲された。そのうえで両司令官および在韓米軍司令官のポストを同一人物が兼務することとなった。前節で説明した通りである。これにより、朝鮮国連軍解体論にともなう米韓間の指揮権調整問題は解決された。

そして以上のような「北東アジア軍司令部」構想や米韓連合軍司令部構想がアメリカ側や韓国側で進められていたのは、実は日米同盟における指揮権調整を扱う一九七八年ガイドライン策定に向けた動きが始まるのと同じタイミングでのことであった。

日米ガイドライン策定交渉は、一九七六年八月三〇日から日米防衛協力小委員会（SDC）を舞台に始まる。ここで日米間の一大争点となったのが、有事指揮権統一の是非であった。

SDCに出席した日本の統合幕僚会議事務局関係者の証言によれば、この場でアメリカ側は、「共同作戦をやる時のトップは米軍だ」と主張した[18]。アメリカ側はこの時点でも、指揮権密約と同じ認識を持っていたわけである。前述の通り、この時は極東軍司令部は廃止されていて、かつ「北東アジア軍司令部」構想も頓挫していたから、日米有事指揮権統一についてのアメリカ側のイメージはおそらく、有事においてアメリカ人たる太平洋軍司令官が自軍に加えて自衛隊を指揮することだったと考えられる。一方の日本側は、「米軍に指揮権を持たすことは出来ない」と激

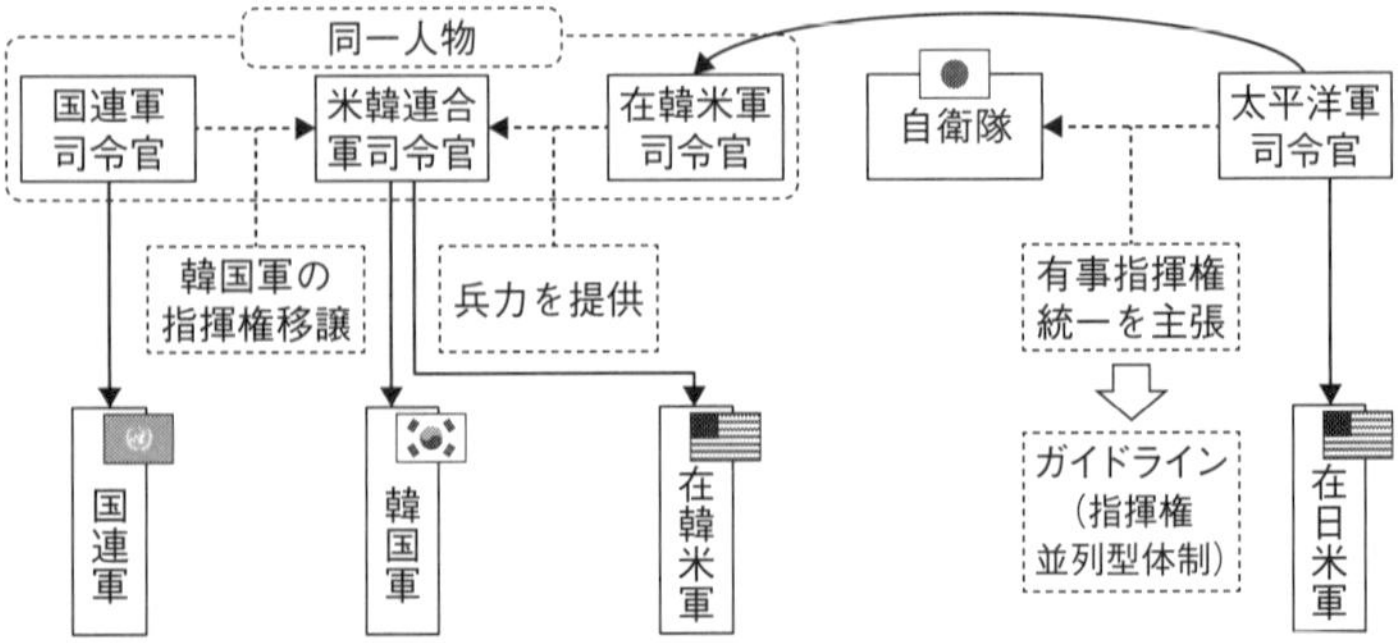

【図2-7】米韓連合軍司令部とガイドライン
出典：筆者作成

しく反発した。

こうしたやり取りを経て、一九七七年八月一六日に開かれた第五回SDCの場で、日本側は次のような案を提出した。すなわち、有事の際に調整された共同行動をとる場合、自衛隊とアメリカ軍は緊密な協力の下に「それぞれの指揮系統の下、活動する」とする内容であった。この日本案に対し、アメリカ側も同意する。[19]

最終的には一九七八年一一月に開催された日米安保協議委員会（SCC）で、指揮権並列型体制を明記したガイドラインが正式に了承された。

実はカーター政権と韓国の朴正熙政権が米韓連合軍司令部創設に合意し、米韓間の指揮権調整問題が事実上決着したのは、一九七七年七月二六日に開かれた米韓安保協議会議（SCM）の場においてであった。[20] 日米間の第五回SDC（同年八月一六日）で指揮権調整問題が事実上妥結したわずか三週間前のことである。さらに、米韓・日米それぞれで指揮権調整の在り方が確定した米韓連合軍司令部の創設（一九七八年一一月七日）とガイドラインの策定（同月二七日）も、やはり三週間のちがいしかない。

つまり日米同盟における指揮権調整の在り方は、極東地域全体におけるアメリカ軍の指揮体系が定まるとともに明確化されたといえるだろう（図2－7）。

DPRIにおける米軍司令部再編構想

その後二〇〇〇年代に入り二〇〇一年九月一一日にアメリカ同時多発テロ事件（九・一一事件）が起こると、アメリカは「テロとの戦い」に邁進し、そのためのグローバルな米軍再編に着手する。その一環として、日本とのあいだでも在日米軍再編協議がおこなわれる。舞台となったのが、二〇〇二年一二月から始まった「防衛政策見直し協議」（DPRI）である。DPRIの成果は、二〇〇六年五月の2プラス2で「在日米軍再編ロードマップ合意」としてとりまとめられる。

ロードマップ合意では、沖縄の普天間飛行場移設に加え、自衛隊とアメリカ軍の司令部組織間の連携強化がうたわれた。たとえばロードマップ合意にもとづいて、ワシントン州フォート・ルイスに所在していた米陸軍第一軍団前方司令部は、二〇〇七年一二月一九日にキャンプ座間に移転した。同地には二〇一三年三月二六日に陸上自衛隊中央即応集団司令部も移ってくることになる。中央即応集団は二〇一八年三月二六日に廃止され、新編された陸上総隊司令部は朝霞に移転するが、陸上総隊司令部のうちアメリカ軍との運用上の調整をおこなう日米共同部はキャンプ座間に残留する。

これらに加え、実はDPRIではまたもや、「北東アジア軍司令部」構想がよみがえっていた。

米統合参謀本部は、米陸軍第一軍団司令部を単にキャンプ座間に移転させるだけではなく、同司令部を母体に、太平洋軍司令部から独立した新たな地域統合軍司令部を創設し、ここに在日米軍司令部と在韓米軍司令部を吸収する構想を描いていた。[21] この新「北東アジア軍司令部」構想がつぶれた理由も、旧構想の場合とまったく同じであった。すなわち、日韓関係の難しさが懸念されたのだった。[22]

一方DPRIの過程では、ドナルド・ラムズフェルド米国防長官をはじめ国防総省背広組のあいだで、もう一つの案が検討されていた。[23] 一九七〇年代には、「北東アジア軍司令部」構想に代わって米韓連合軍司令部構想が打ち出されたのは前述の通りである。ここでは日本ではなく、韓国における司令部機能強化が図られた。これに対しDPRIでは逆に、韓国よりも、日本における司令部機能強化が志向された。

在日米軍司令部は横田にあり、同司令官は在日米空軍司令官と米第五空軍司令官を兼ねる空軍中将である。また在日米陸軍司令部はキャンプ座間に所在し、司令官には陸軍少将が任じられる。そして横須賀の在日米海軍司令部の司令官は海軍少将である。これに対して国防総省背広組案が構想したのは、在日米軍司令部に空軍中将と陸軍中将（少将ではない）を配置し、これを海軍大将である太平洋軍司令官が統括する体制であった。そして日本に陸軍大将を置く代わりに、陸軍大将が司令官である在韓米軍司令部を廃止することでスクラップ・アンド・ビルド（ポストの新設の代わりに同等のポストを廃止して行政の肥大化を抑えること）のつじつまを合わせようとしていた。

この構想は、前提と考えられていた米陸軍第一軍団前方司令部のキャンプ座間移転に当初日本側が抵抗したことに加え、やはり前提となっていた韓国軍の有事指揮権返還が先送りされたことなどで頓挫する。

新「北東アジア軍司令部」構想にしろ「在日米軍司令部強化」構想にしろ、実現していれば日米同盟における指揮権調整の在り方にも影響したと考えられる。

このように一九七〇年代でも二〇〇〇年代でも、日米同盟における指揮権調整の在り方は米韓同盟のそれと無縁ではなかった。そうした点から日本にも影響があると考えられるのが、先ほど述べた韓国軍の有事指揮権返還問題である。

前述の通り、一九五〇年七月に李承晩大統領がマッカーサー国連軍司令官に移譲し、一九七八年一一月に米韓連合軍司令官に引き継がれた韓国軍の指揮権については、平時の指揮権は一九九四年一二月に韓国側に返還された。そして有事指揮権返還についても、検討が進められてきた。

二〇一八年一〇月三一日に開かれた米韓SCMでトランプ政権と文在寅《ムン・ジェイン》政権は、韓国軍の有事指揮権返還を前提に、連合軍司令部体制を維持・発展させる「未来連合軍司令部」創設に合意した[24]。米韓連合軍司令部では司令官はアメリカ人が、副司令官は韓国人が務めるのに対し、「未来連合軍司令部」ではこの配置が逆転する。つまり「未来連合軍司令部」創設が実現すれば、韓国軍の有事指揮権返還とともに、米韓連合軍は韓国人司令官の指揮下に置かれることになる。ただ、その先行きは今のところ不透明な部分が残る。

純軍事的には、同盟におけるシニア・パートナーは、ジュニア・パートナーとのあいだで指揮権一体型の体制をとることが合理的だと考えるだろう。ただ、シニア・パートナーであるとはいえ、同盟の部隊運用の全責任を自分たちが背負い込むのは過重な負担であると感じるかもしれず、かつジュニア・パートナーの方でも自主防衛の気概を示そうとする場合がありうる。指揮権は平時においては韓国が、有事の場合はアメリカが持つとする米韓同盟の体制には、そうした両国の本音のバランスが働いていると見ることができる。これに対し日米同盟の場合は、まずは指揮権を切り分けたいという日本側の要望が出発点になる。

では仮に有事が発生し、自衛隊とアメリカ軍が共同対処を迫られるようなことになった場合、日米両国の連合作戦はどのような仕組みによって遂行されるのか。日米同盟における部隊運用の要となる指揮権調整について、岸田文雄総理は二〇二三年一月二五日の国会答弁で「日米間での指揮権の共有や移譲は考えていない」との見解を示し、従来の立場を再確認している。同盟における指揮権調整の在り方は、日米指揮権密約でイメージされる「属国」感の残るような「統一」や、指揮権の独立自体を目的とする「並列」の二者択一ではなく、これら以外にも様々なバリエーションが存在しうるであろう。指揮権並列型体制を前提としたうえで、実効的な日米共同対処のための情報共有や政策・運用面での調整の円滑化を推し進めていくという現在の方向性も、そうしたバリエーションの一つである。

先に触れたように、二〇二二年国家防衛戦略が「統合司令部」の創設を明記し、二〇二四年度内の発足に向けて検討が進められていることは、この文脈で注目に値する。

この「統合作戦司令部」自体は、「統合運用の実効性を強化」するため、「陸海空自衛隊の一元的な指揮」をおこなえるようにするためのものである。一方、たとえば平和・安全保障研究所が二〇二二年七月二六日に発表したレポートは、「日米統合司令部」（ここでは連合司令部の意）の設立を提唱し、日本側の統合作戦司令部創設をそうした仕組みの前提と位置づけている。[25] そこまで行かなくとも、日本側の「統合作戦司令部」がアメリカ側のインド太平洋軍司令部などのカウンターパートとなって、日米間の指揮権調整に際し重要な役割を果たすことになると考えられる。アメリカ政府も二〇二三年一月一一日の2プラス2共同発表において、日本の「統合作戦司令部」設置を「二国間調整を更に強化する」という文脈で歓迎するとした。

そこで、自衛隊がアメリカ軍とともに矛の役割の一端を担うこととなる今日、たとえば本章冒頭で述べたような反撃能力の運用に際して、日本の「統合作戦司令部」とアメリカ側のインド太平洋軍司令部などが緊密な連携を図るという姿を思い浮かべることができる。実際に日本の「統合作戦司令部」創設を受けて、日本にインド太平洋軍司令部の調整組織を置く案が出ていると報道されている。[26]

また本章で見たように、日米同盟における指揮権調整は、日米二国間の枠内で、一国平和主義や必要最小限論にもとづく日本的視点だけで、その在り方を決められるといった性質のものではない。

たしかに、日米同盟における「人と人との協力」は「物と人との協力」に比べて限定的であり、在日米軍基地を介するのと同じように指揮権を介して連結しなければ、「極東一九〇五年体制」を支える「米日・米韓両同盟」が成り立たないわけではない。それでも第三者的視点を踏まえるならば、日米同盟における指揮権調整の在り方は、極東地域全体におけるアメリカ軍の指揮体系、特に米韓同盟における指揮権や司令部機能の在り方と密接に関係するものであったということは指摘できる。日本・アメリカ・韓国の指揮権を「極東軍司令部」的に無理にまとめてしまおうとすることが極端だとしたら、まったくバラバラのままでよいとすることもまた極端だろう。

これに関連して二〇二二年安保三文書策定時に韓国外務省は、日本が朝鮮半島の安全保障や韓国の国益に重大な影響を及ぼすかたちで反撃能力を行使する場合、韓国との事前協議と同意が必要だとの立場を示した[27]。

ただ、たとえば日本が北朝鮮への反撃能力の行使を迫られるような緊急事態を想定してみると、いきなり韓国側と事前協議を開いて同意までとりつけていては間に合わなくなる可能性があるのではないか。一方で、こうした局面における日本・アメリカ・韓国の提携は重要である。そこで「統合作戦司令部」には、平素からハワイのみならず、米韓同盟側とも関係を構築していくことが期待されよう。

またそもそも論として、日本の「統合作戦司令部」と、米韓連合軍司令部との関係構築は論点であろう。たとえば元外交官で、内閣官房副長官補も務めた兼原信克《のぶかつ》が論じるように、朝鮮有事の一環として日本が北朝鮮からミサイル攻撃を受けた場合、日米共同の反撃作戦と、米韓連合軍による対北朝鮮作戦は、現状では別々の指揮系統でおこなわれることになる。[28] そうした対応を前提とするならば、両者のすり合わせが重要になるだろう。先に引用した二〇二三年一月の2プラス2共同発表でも、韓国と名指しこそしないまでも、「パートナー国との効果的な調整を向上させる必要性」を共有しているとされている。

そして日米同盟側と米韓同盟側の司令部組織間の関係構築という点からも、韓国軍の有事指揮権返還問題の推移については注視していく必要がある。

米韓連合軍司令部のさらに大きな変革を求める声もある。たとえば二〇二三年九月二五日にビンセント・ブルックス元米韓連合軍司令官は講演で、在韓米軍司令部と在日米軍司令部を統合することを提唱し、これを「極東司令部」と呼んだ。[29] 極東軍司令部の復活が成るのか、それともこれまで繰り返されてきたように頓挫するのかは見通せないが、そのような司令部機能の再編がなされれば日本にも影響が生じる可能性がある。

「極東軍司令部」ではなくて、米韓間の連合軍司令部体制が縮小されるようなケースも、日米同盟に影響を及ぼすであろう。仮に在韓米軍が縮小されるようなことになった場合、極東における米軍司令部の役割の比重が在韓米軍から在日米軍に傾き、在日米軍司令官の階級の中将から大将への格上げ、朝鮮を含む独自の作戦責任領域の設定と域内の指揮権限の拡大などが検討される可能性も安全保障専門家によって指摘されている。[30] あるいは、インド太平洋軍司令部がその機能を吸い上げることになるかもしれない。このような場合、アメリカ側から見た極東における同盟国との指揮権調整における日本の比重が高まることになると考えられる。

韓国で革新系の文在寅政権に代わって二〇二二年五月一〇日に発足した保守系の尹錫悦政権は、有事指揮権返還よりも米韓連合軍の能力強化に重きを置いているようである。こうしたことから極東での米軍司令部再編の先行きには不透明な部分も残されており、その帰趨によっては、日米同盟における指揮権調整の在り方にも影響しうるだろう。

さらに難しいのは台湾との関係である。台湾有事において、アメリカ軍が台湾救援のために軍事介入し、そこで海上自衛隊によるアメリカ海軍空母打撃群への参加や潜水艦による中国海軍艦船攻撃、航空自衛隊による航空優勢獲得作戦への参加などがなされることを想定した場合[31]、有事指揮権が統一されていないアメリカ・日本・台湾のあいだでの連合作戦のスムーズな調整ができるかが問われることになる。

本章で触れた米韓同盟や、ＮＡＴＯに発展した米英同盟などは、実際に連合軍司令官と連合軍司令部を立ててその下で実戦を戦い抜いた経験を持つが、日米同盟はそうではない。米韓同盟や米台安全保障提携との関係も含めた、有事における実効的な指揮権調整の在り方を平素から検討しておくことがいっそう求められるといえる。

そこで次章では、ここまで述べてきた基地使用や部隊運用の議論を踏まえ、日米同盟の「事態対処」への向き合い方について、やはり第三者的視点を交えて検討していくことにしよう。

第3章　事態対処

国会前でおこなわれた安保法案反対デモ。2015年8月30日（写真＝産経新聞社）

前章までに見たような条約の規定やその下での指針が、日米同盟のいわば「静的」な面であるとしたら、本章では「動的」な面、すなわち実際の有事への対応である「事態対処」について取り上げていきたい。

日米同盟として有事に臨むうえで日本が果たすべき役割として、同盟国への便宜供与や、武力の行使も含む自衛隊の行動がある。当然ながら、これらの活動は条約や法律にもとづいておこなわれることになる。

ただ、日本がこれまで整備してきた同盟条約を含む安全保障体制では、有事をそれぞれの性格に沿っていくつもの「事態」に区分して法的な概念化をおこない、それぞれの事態ごとに対応を細かく分ける、という方式をとっている[1]。具体的に、日本にとっての深刻度が高まると考えられる順番で並べてみると、「国際平和共同対処事態」、「極東有事」（「六条事態」）、「重要影響事態」、「存立危機事態」・「武力攻撃事態」（「五条事態」）といった類型がある（表3－1）。

本章では、より直接的に日本に関連する事態を取り上げることにするので、このうち国際平和共同対処事態については詳しく触れないが、二〇〇一年の九・一一事件後の「テロとの戦い」の文脈における「日米同盟のグローバル化」に関連するものであることから、同事態の概要のみここで記しておこう。国際平和共同対処事態とは、「国際社会の平和及び安全を脅かす事態」であって、国際社会がその脅威を除去するために国連憲章の目的に従って共同して対処する活動をお

事態	概要	対応
国際平和共同対処事態	国際社会の平和と安全を脅かす事態であって、国際社会がその脅威を除去するために国連憲章の目的に従って共同して対処する活動をおこない、かつ日本が国際社会の一員として主体的・積極的に寄与する必要がある事態	外国軍に対する協力支援
極東有事（日米安保条約6条事態）	極東における国際の平和と安全の維持に寄与するために、アメリカ軍が日本において施設・区域を使用することを許される事態	アメリカ軍による日本の基地からの直接戦闘作戦行動について事前協議を実施
重要影響事態（旧・周辺事態）	そのまま放置すれば日本に対する直接の武力攻撃にいたるおそれがあるなど、日本の平和と安全に重要な影響を与える事態	アメリカ軍などに対する後方支援
存立危機事態	日本と密接な関係にある他国に対する武力攻撃が発生し、これにより日本の存立が脅かされ、国民の生命、自由および幸福追求の権利が根底から覆される明白な危険がある事態	集団的自衛権の発動による武力行使
武力攻撃事態（日米安保条約5条事態）	日本に対する武力攻撃が発生した事態	個別的自衛権の発動による武力行使

【表3-1】各種事態
出典：筆者作成

こない、かつ日本が国際社会の一員として主体的・積極的に寄与する必要があるものを指す。

日本は二〇〇一年一〇月七日からのアフガニスタン戦争や二〇〇三年三月からのイラク戦争の際、対テロ特措法（二〇〇一年一〇月二九日制定）やイラク特措法（二〇〇三年七月二六日制定）のような時限立法による協力支援をおこなった。前者はアフガニスタン戦争に従事するアメリカ軍などの有志連合軍への補給支援をおこなうための法律であり、後者はイラク戦争後、自衛隊がイラクでの人道復興支援・安全確保支援をおこなうための法律である。国際平和共同対処事態という事態概念の創出は、国際平和支援をこうした時限立法によらず、恒常化するために、二〇一五年九月の平和安全法制整備の際になされた。

より直接的に日本に関連する事態としては、まず極東有事がある。第1章でも見たように、極東有事が生起した場合、日米安保条約の極東条項にもとづいて、アメリカ軍が日本の基地を使用する可能性がある。

これが単なる極東有事であれば、日本はアメリカ軍に日本の基地の使用を許すにとどまる。しかし極東有事が、そのまま放置すれば日本に対する直接の武力攻撃にいたるおそれがあるなど、「我が国の平和及び安全に重要な影響を与える事態」とみなされた場合や、極東有事かどうかにかかわらずやはり同様の事態が生起した場合は、「重要影響事態」が認定される。この場合、自衛隊がアメリカ軍などへの後方支援をおこなうことになる。重要影響事態対処は、平和安全法制整備の際に従来の「周辺事態」対処の実効化を図って衣替えしたものである。

続いて、「存立危機事態」が認定されるケースも考えられる。存立危機事態とは、「我が国と密接な関係にある他国に対する武力攻撃」が発生し、これにより「我が国の存立が脅かされ、国民の生命、自由及び幸福追求の権利が根底から覆される明白な危険がある事態」を指す。

そして存立危機事態が認定された場合に限り、個別的自衛権のみならず、集団的自衛権の行使が容認される。アメリカへの武力攻撃が日本にとって存立危機にあたる事態では、タイミング的に日本自身への武力攻撃が生起する前であっても、アメリカを守るために自衛隊法と事態対処法にもとづいて自衛隊が防衛出動をおこないうるということである。このことは平和安全法制制定によって新たに可能となった。

最後に、日本に対し外国の弾道ミサイルが直接撃ち込まれるなどの「武力攻撃事態」がある。この時、存立危機事態と同様、防衛出動が下令され、自衛隊が武力を行使することが許される。本書でこれまで述べてきたことの繰り返しになるが、日米安保条約は第五条で、日本の施政下にある領域における日米いずれかへの攻撃に対し、日米両国が「共通の危険に対処するように行動する」と宣言している。したがって日本にとっての武力攻撃事態とは、日米安保条約上の五条事態となる。

こうした各種事態への対処の仕組みや思考様式も、第三者的視点、つまり敵対的な相手国や、あるいはそれのみならず同盟国から見るとどう映るのか、という見方以上に、一国平和主義や必要最小限論にもとづく日本的視点に影響されがちなきらいがある。だが、日本的視点で事態対処に臨むことに問題はないだろうか。

この点で二〇二二年安保三文書が「相手」の存在を強く意識した書きぶりとなっている点は印象的である。たとえば国家防衛戦略は、日本の防衛力の抜本的強化の目的として、「我が国の意思と能力を相手にしっかりと認識させ、我が国を過小評価させず、相手方にその能力を過大評価させないことにより我が国への侵攻を抑止する」ことにあるとしているほか、相手方の意思や認識に働きかける重要性を再三強調している。

以下では、極東有事、重要影響事態、存立危機事態・武力攻撃事態への対処の仕組みを概観し、そこに第三者的視点を交えることで、課題となる点を洗い出していこう。

1　極東有事への対処

極東有事と事前協議

第1章でも見たように、日米安保条約第六条は、アメリカ軍が日本の基地を、日本防衛のためだけでなく、「極東における国際の平和及び安全の維持に寄与」するために使用することを認めている（極東条項）。ここで言う極東とは、一九六〇年二月の日本政府統一見解によれば「大体において、フィリピン以北並びに日本及びその周辺の地域」であり、「韓国及び中華民国の支配下にある地域〔台湾〕もこれに含まれている」とされる。

そうすると、たとえばここでの「極東」に含まれる韓国が北朝鮮から攻撃を受け、その結果、朝鮮半島でアメリカ軍も巻き込む大規模な軍事衝突が発生した場合、在日米軍が三沢や嘉手納などの日本の基地から北朝鮮に対する航空攻撃を実施することなどが考えられる。

ただ極東条項は、日米安保条約に対する日本人のわだかまりのもとにもなっているといえる。たとえば第1章で触れたように、砂川事件についての一九五九年三月の「伊達判決」は、在日米軍の駐留を憲法違反とした。その理由の一つとして挙げられたのは、日米安保条約の極東条項により、日本が「自国と直接関係のない武力紛争の渦中に巻き込まれ」る危険があること、であった。在日米軍が、日本有事ならともかく、極東有事に使用されるのは困る、というわけだ。

こうしたことから、一九六〇年安保改定の際に日米間で取り決められたのが事前協議制度であった。そこで想定されていることの一つが、極東有事に際し、アメリカ軍が日本の基地から直接戦闘作戦行動をとる場合に、日本政府と事前に協議することである。極東有事における在日米軍の直接戦闘作戦行動を事前協議の対象としたのは、極東条項で許される在日米軍の行動に制約をかけるためである。極東条項があるからといって、アメリカ軍が日本の基地を好き勝手に使用できるわけではなく、事前協議を通じて一定の発言権を持ち、日本が欲しないアメリカの戦争に巻き込まれないようにしておく、との趣旨である。

たしかに、日本と日本以外のあいだで線引きをし、日本以外での紛争に巻き込まれないようにすることを重視する一国平和主義的な視点に立てば、極東有事における在日米軍の直接戦闘作戦行動に対して事前協議で制約を課す手続きには意味があるだろう。また、事前協議の結果、在日米軍が当該極東有事で直接戦闘作戦行動をとることを日本が仮に認めることになったとしても、ここで日本はそのようなアメリカ軍の行動を黙認しているだけであって、日本自身が直接参戦するわけではない。おかげで日本は当該紛争に巻き込まれずにすむ。これで一安心だ。

極東条項と「武力行使との一体化」論

しかし、極東有事で在日米軍が直接戦闘作戦行動をとる場合、日本はそのようなアメリカ軍の行動を黙認するだけであって、日本自身が直接参戦するわけではないのだから、戦争に巻き込まれずにすむ、と本当にいえるだろうか。

この点について重要な指摘をおこなったのが、「安全保障の法的基盤の再構築に関する懇談会」

（「安保法制懇」）である。安保法制懇は、安倍晋三総理の私的諮問機関として、集団的自衛権と憲法との関係整理などを研究するために二〇〇七年四月一七日に設置された。メンバーは、座長の柳井俊二元駐米大使のほか、岩間陽子、北岡伸一、坂元一哉《かずや》、佐瀬昌盛《まさもり》、田中明彦、中西寛《ひろし》、西修《おさむ》、細谷雄一、村瀬信也《しんや》といった研究者、財界の葛西敬之《よしゆき》、官界ＯＢの岡崎久彦、佐藤謙《けん》、西元徹也である。

第二次安倍政権下で再開された同懇談会は、二〇一四年五月一五日に報告書をとりまとめた。この報告書の眼目は、憲法第九条は集団的自衛権行使を禁止していないと解釈すべきだと提言したことである。

そして安保法制懇が集団的自衛権行使違憲論とあわせて批判したのが、「武力行使との一体化」論であった。第2章でも見たが、「武力行使との一体化」論とは、自衛隊が海外で国際平和協力などを実施する際、自衛隊の活動が、同じ活動に従事している他国の軍隊への密接な関与を通じてその軍隊の武力行使と事実上「一体化」することは、憲法第九条により許されないとする解釈である。

憲法第九条第二項は、「陸海空軍その他の戦力は、これを保持しない」と規定している。この規定の下で日本が陸海空自衛隊という実力組織を保持できるのは、「自衛のための必要最小限の実力」は同項が保持を禁止している「戦力」に該当しない、と解釈されているからである。

一九五四年一二月二二日、当時の鳩山一郎政権は国会で次のような政府統一見解を発表した。憲法は自衛権を否定していない。自衛権は国が独立国である以上、その国が当然に保有する権利である。憲法は戦争を放棄したが、自衛のための抗争は放棄していない。憲法第九条は、独立国としてわが国が自衛権を持つことを認めている。したがって、「自衛隊のような自衛のための任務を有し、かつその目的のため必要相当な範囲の実力部隊を設けることは、何ら憲法に違反するものではない」。このような憲法解釈が必要最小限論であり、これ以降、憲法と自衛隊の関係について日本政府が一貫してとり続けている考え方である。

自衛隊は「戦力」ではなく「自衛のための必要最小限の実力」だから合憲なのだ。そしてこのような説明が成立するためには、「ここより内側が必要最小限」という一線を常に引き続けなければならないことになる。そうでなければ、自衛隊と、憲法第九条が保持を禁じている「戦力」との区別がつかなくなる。

「武力行使との一体化」論も、この必要最小限論にもとづく解釈である。国際平和協力などで武力を行使することは、「自衛のための必要最小限」を超えるので認められない、というわけである。武力を行使している外国軍の活動とは、一線を引かなければならない。

このような憲法解釈をとるのはおかしい、と安保法制懇は主張する。そしてこの文脈で同懇談会が引き合いに出したのが、「武力行使との一体化」論と日米安保条約との関係であった。

安保法制懇の報告書は次のように指摘した。[2]「武力行使との一体化」論を日米安保条約の脈絡で論理的に突き詰めて考えると、おかしなことになる。というのも、極東有事で在日米軍が直接戦闘作戦行動をとる場合、日本がそのための基地を提供し、かつ実際に基地の使用を許可することは、アメリカによる武力行使と「一体化」することになるといえてしまうからである。したがって、日米安保条約そのものが憲法違反であるという不合理な結論になりかねないのではないか。

ここでの安保法制懇による批判は、「武力行使との一体化」論そのものに向けられたものである。ただ同時に、「極東有事で在日米軍が直接戦闘作戦行動をとること」と、「日本がそのための基地を提供し、かつ基地の使用を許可すること」は「一体」ではないかとの指摘は、常識的に考えれば腑に落ちる議論だ。

日本によるアメリカ軍への便宜供与の意味

安保法制懇の指摘の妥当性は、第三者的視点で見るといっそうはっきりする。

この場合、日本はただアメリカ軍の行動を黙認しているだけだ、というのは、日本側の勝手な言い分にすぎない。当該極東有事において、日本は現実にアメリカ軍による直接戦闘作戦行動のために便宜供与をおこなっている。日本が何と言いつくろおうとも、アメリカ軍の攻撃を受ける相手側、たとえば前述の例では北朝鮮は、日本のことを、当該有事におけるれっきとしたアメリカ側参戦国とみなす可能性があると見るのが自然ではないだろうか。

いや、日本は事前協議で在日米軍の直接戦闘作戦行動に対する拒否の意を表明することもできるのだ、と言ってみたところで、事前協議制度について定めた一九六〇年一月の「岸＝ハーター交換公文」は、極東有事における在日米軍の直接戦闘作戦行動などを「事前の協議の主題とする」としているだけである。日本側の拒否権が制度のなかに明確に組み込まれているわけではない。一九六〇年一月一九日の「岸＝アイゼンハワー共同声明」でアイゼンハワー大統領が岸信介総理に、「米国政府は日本国政府の意思に反して行動する意図のないことを保証した」と記載するかたちとなっている。

そもそも、極東有事のうち、朝鮮有事に限って言うと、在日米軍による直接戦闘作戦行動は事前協議の対象外になる、という密約（一九六〇年一月の「朝鮮議事録」）が存在してきた。また日本は一九六九年一一月の「佐藤＝ニクソン共同声明」と佐藤栄作総理のナショナル・プレス・クラブ演説で、朝鮮有事における事前協議で限りなくイエスと答えるといえる立場をすでにおおやけにしている。これらは第1章で見た通りである。

さらに言えば、アメリカの敵対国は、極東有事に際しての日米間の事前協議の結果にかかわらず、つまり日本が事前協議でノーと答えた場合であっても、在日米軍が直接戦闘作戦行動をとる可能性を当然考慮に入れるだろう。何十年も前にアイゼンハワーが岸に対しておこなった「日本の意思に反して行動する意図はない」という保証は、当たり前だがアメリカの敵対国の認識を決定づける要因にはならない。

加えてアメリカの敵対国は、「日本が在日米軍の直接戦闘作戦行動を承認すれば、参戦に等しい行為なので日本も攻撃対象とするが、それは事前協議がおこなわれ、その結果が公表されるまで分からないので、それまでは日本への攻撃は手控えよう」と考えてくれるほどお人よしでもないだろう。

極東有事におけるアメリカの軍事行動に対し、日本は事前協議制度を通じて一線を画することができると考える日本的視点と、アメリカの軍事行動とそれへの日本の便宜供与は一体化していると見る第三者的視点。ここに、極東有事への対応をめぐるギャップが存在する。

2　重要影響事態への対処

ガイドラインのための国内法

日本は、極東有事におけるアメリカ軍による日本の基地の使用を認めているのみならず、「重要影響事態」において、自衛隊によるアメリカ軍などへの後方支援をおこなうことができるようにしている。繰り返すと、重要影響事態とは、「そのまま放置すれば我が国に対する直接の武力攻撃に至るおそれのある事態等我が国の平和及び安全に重要な影響を与える事態」を指す。

たとえば、台湾侵攻を決意した中国が、海軍艦船を西太平洋に集結させ、台湾を海上封鎖したとする。この場合、アメリカが、警戒監視などの示威行為を通じ中国軍に撤退を促す目的で、台湾周辺に空母艦隊を派遣することが考えられる[3]。この事態は、日本有事ではないものの、放置しておけば日本有事に発展しかねない。これが重要影響事態のイメージの一つである。ここで当該事態が重要影響事態に認定された場合、日本はアメリカ側の要請にもとづき、海上自衛隊の補給艦を西太平洋の公海上に派遣して米イージス艦への洋上補給をおこなうことなどができる。

もともと日米安保条約署名およびその改定時には、日本がアメリカ軍に基地を貸すこと自体ははっきりしていたものの、日米両国が「共通の危険に対処するように行動する」ための自衛隊とアメリカ軍のあいだの公式かつ具体的な部隊運用指針は存在していなかった。このような指針として一九七〇年代にようやくつくられたのが、第2章で見たガイドラインである。ただ、冷戦下に結ばれた最初の一九七八年ガイドラインは、日本有事しか対象としていなかった。冷戦終結後、「日米安保再定義」にもとづき、日本有事に加えて周辺事態も対象に含めた一九九七年ガイドラインが策定される。

周辺事態とは、「日本周辺地域における事態で日本の平和と安全に重要な影響を与える場合」を指す。重要影響事態の前身にあたる概念である。そして一九九七年ガイドラインを実施するための国内法が、一九九九年五月に制定された周辺事態安全確保法であった。たとえば、朝鮮有事が発生し、これが同法にもとづく周辺事態に該当すると認定された場合に、アメリカ軍の活動に対して、自衛隊が日本周辺の公海およびその上空で輸送などの後方支援をおこなうことが可能になった（ややこしいが、周辺事態の場合は物品・役務の提供は日本の領域内に限定）。

周辺事態法は、続く二〇一五年の平和安全法制整備の一環として、重要影響事態安全確保法に改正された。

極東有事と周辺事態のちがい

では周辺事態と重要影響事態とでは何がちがうのか。そのちがいを説明する前に、まず極東有事と周辺事態のちがいについて触れておく。

一言で言うと、極東有事はその名の通り「極東」という地域を対象とした概念であるのに対し、周辺事態とは、地理的概念ではなく、「事態の性質」に着目した概念であるというちがいがある。

「極東」で起こった事態かどうかよりも、日本の平和と安全に重要な影響を与える事態かどうかが大事だということである。したがって、「極東」以外の地域で起こった事態であっても、日本の平和と安全に重要な影響を与える事態であれば、自衛隊がアメリカ軍に後方支援をおこなうことができる。つまり、極東有事とするよりも周辺事態とする方が、日本によるアメリカへの協力の幅は広がることになる。

それでも「周辺」と言っているのは、自衛隊が地球の裏側まで行くことはない、といったくらいの意味合いであろう。この点についての微妙な事例として、「テロとの戦い」における対応がある。ここで日本は二〇〇一年から始まったアフガニスタン戦争に従事するアメリカ軍などの有志連合軍への補給支援のために、対テロ特措法を制定して海上自衛隊の補給艦をインド洋に派遣した。この時、日本政府内では、自衛隊派遣のためにわざわざ新法を制定せずとも、周辺事態法を適用すればよいとの声もあった。[4]地理的な意味では判断として微妙なところがあったといえる。

また、「周辺」という用語が採用された背景には、中国への配慮もあっただろう。「極東」と言った場合、一九六〇年の日本政府統一見解によりここに台湾が含まれることになるが、「周辺」と言っておけば台湾が入るかどうかはあいまいになる。そうすると中国との緊張を高めずにすむと期待できる。

ただ周辺事態概念をめぐっては、日本政府内でも論争が起こった。たとえば外務省の田中均《ひとし》北米局審議官などの人びとは、「周辺」概念の導入に積極的であったのに対し、条約課長・条約局長を歴任した竹内行夫《ゆきお》北米局長などは、日米安保条約上の極東概念を重視して、周辺概念に対し慎重であった。[5] 防衛庁側の主担当者であった佐藤謙防衛局長は前者に近い立場であった。[6] そうした論争を背景に、一九九九年四月二八日に当時の小渕恵三総理は国会で、周辺事態が生起する地域には自ずと限界があり、「例えば中東やインド洋で生起することは現実の問題として想定されない」と答弁した。周辺事態は事態の性質に着目した概念であると言いながら、地理的制約についてはあいまいな部分が残っていた。

ちなみにこれより約四〇年前の安保改定時にも、外務省内では、アメリカ局（現・北米局）と条約局（現・国際法局）のあいだで「政治的な立場の違い」があったとされる（藤崎万《ま》里《さと》条約局参事官の証言）。[7] アメリカ局は「米軍が働きやすいように」しようとするのに対し、条約局は「（米軍）駐留の権限を制約し、（米軍の）自由を制限する方向」であったという。

さらに、第2章で見た二〇〇二年から二〇〇六年にかけての防衛政策見直し協議（DPRI）の過程でも、ジャーナリストの春原剛《すのはらつよし》によれば日本政府内には「トータル・パッケージ」派と「スモール・パッケージ」派の論争があったとされる。[8] 前者は、日米同盟の再定義も視野に入れ、同盟強化に積極的な立場で、加藤良三駐米大使や守屋武昌《たけまさ》防衛事務次官らがこの立場であったという。一方後者は、この時は外務事務次官となっていた竹内などがとった立場であったとされ、在日米軍再編は日米安保条約の効果的運用の範囲内にとどめ、グローバルな日米協力は安保条約の枠外ととらえる「二本柱」の考えに立っていた。具体的には、米陸軍第一軍団司令部のキャンプ座間移転は、安保条約の極東条項から逸脱するとして反対していた。同司令部の管轄区域が、極東に限定されないためである。

このように、「極東」概念にとどまらない協力を志向する外務省旧アメリカ局系の立場と、「極東」概念を上限ととらえる旧条約局系の立場とのあいだの論争は、ある種のパターンとして戦後繰り返されてきた。

周辺事態から重要影響事態へ

いずれにせよ、以上のような周辺事態の概念は、二〇一五年の法改正で重要影響事態へと変更された。これにより、まず「我が国の平和及び安全に重要な影響を与える事態」に、地理的制約があるわけではないことが明確化された。そのうえで新たに、自衛隊がアメリカ軍以外の軍隊に対しても支援をおこなうこと、日本国外でも活動すること、これまでできないとされてきた活動、たとえば弾薬の提供（ただし武器の提供は引き続き不可）や、戦闘作戦行動のために発進準備中である他国軍の航空機に対する給油・整備などが可能になった。

考えてみれば、これ以前から対テロ特措法においてすでにアメリカ軍以外の軍隊への支援、日本国外での活動など、周辺事態対処以上の協力をおこなうことが可能であった。とすると、重要影響事態対処とは、日本の平和と安全に重要な影響を与える事態で可能な協力を、対テロ特措法並みに引き上げたにすぎないといえる。

またやや細かい話だが、平和安全法制の下で存立危機事態における集団的自衛権行使の一形態として、中東ホルムズ海峡での機雷掃海が可能となったこととのバランスの問題もあった。機雷掃海は武力行使に該当する。もし重要影響事態における自衛隊の活動範囲を日本国外に広げなければ、ホルムズ海峡で武力行使はできるのにアメリカ軍への後方支援はできないという不均衡が生じることになる[9]。

なお、かつての周辺事態法でアメリカ軍への弾薬の提供や戦闘作戦行動のために発進準備中である米軍機に対する給油・整備はおこなわないとされていたのは、ニーズがなかったためであり、「武力行使との一体化」論のゆえではないとされる（二〇一五年六月一〇日、横畠《よこばたけ》裕介政府特別補佐人答弁）。

要するに重要影響事態対処とは、従来の周辺事態対処の実効化にほかならない。

「現場ではない場所」

一方、重要影響事態法では、自衛隊が活動できる地域は、「〔他国により〕現に戦闘行為が行われている現場」ではない場所に限定されている。さきほどの例では、台湾に対する海上封鎖を解く作戦に従事している米イージス艦への海上自衛隊の補給艦による洋上補給活動は、アメリカと中国のあいだで戦闘行為が発生している場合、両国が「現に戦闘行為を行っている現場」以外でしか実施できない。

これは必要最小限論や「武力行使との一体化」論に照らした線引きである。重要影響事態では、日本自身に対する武力攻撃や、日本と密接な関係にある国への存立危機事態としての武力攻撃が生起しているわけではないので、必要最小限論により、自衛隊は武力を行使することができない。同時に、自衛隊による後方支援は、それ自体は武力の行使をともなわない活動であっても、アメリカ軍などの他国軍による武力行使と「一体化」してはならない。そこで、「他国が現に戦闘行為を行っている現場」かどうかという「一線」を画すことで、自衛隊による後方支援が武力行使との「一体化」ではないことを担保しているというわけだ。

このことは従前は、「現に戦闘行為が行われておらず、かつ、そこで実施される活動の期間を通じて戦闘行為が行われることがないと認められる」地域、すなわち「非戦闘地域」と呼ばれる概念を設けることによって担保されていた。周辺事態法や対テロ特措法、イラク特措法でも、自衛隊が活動可能な範囲は「非戦闘地域」に限定されてきた。

重要影響事態法で「非戦闘地域」から「他国が現に戦闘行為を行っている現場ではない場所」に変更されたのは、現に戦闘行為がおこなわれていない地域とか、活動期間中に戦闘行為がおこなわれることがないと認められる地域とかいうよりも、自衛隊が活動できないとする地域をしぼった、ということになる。ただ、たしかに範囲は広がったものの、重要影響事態法の下でも、自衛隊の活動はアメリカ軍などによる武力行使とは「一体化」していない、とする線引きがなされていること自体には変わりがない。

ここでの「他国が現に戦闘行為を行っている現場ではない場所」という制約は、必要最小限論や「武力行使との一体化」論といった憲法解釈上の要請にもとづくものである。と同時に、このような線引きは一国平和主義とも親和性が高いといえよう。一国平和主義は、日本が日本以外の外国での紛争に巻き込まれることを嫌う。

いってみれば、重要影響事態における自衛隊の活動はアメリカ軍などによる武力行使とは「一体化」していない、と強調する裏には、そうであるがゆえに、自衛隊はたとえ後方支援活動に従事しても相手側からの攻撃対象にはならないだろう、という期待が存在しているといえる。一方、第三者的視点に立った場合、ここでも前述した極東有事の場合と同様の問題が残るのではないだろうか。

極東有事における対応を日本的視点で見ると、日本は事前協議制度を通じてアメリカ軍の武力行使と一線を画することができるように思えてしまうが、第三者的視点では、アメリカ軍の武力行使とそれへの日本の便宜供与は一体化していると見えるだろう、とすでに述べた。

重要影響事態における自衛隊によるアメリカ軍などへの後方支援は、「現に戦闘行為を行っている現場ではない場所」でしか実施していないので、そのような自衛隊の活動はアメリカ軍による武力行使とは「一体化」しておらず、したがって自衛隊は相手側からの攻撃対象ではない。このような理屈は、極東有事と事前協議の関係の場合と同じように、日本が、自分たちの国内法や自国の議会・国民向けに説明してきた憲法解釈や思考様式にすぎない。つまり日本的視点である。

しかしよく考えてみれば、日本的視点に立ち、日本の国内法でいうところの重要影響事態において、自国が「巻き込まれない」論理をいくら精緻につくり上げたとしても、第三者的視点に立てば、相手側がそれをそのまま受け入れなければならないいわれはどこにもないのである。

なお重要影響事態に関するもう一つの論点として、同事態における船舶検査活動がある。平和安全法制を構成する改正船舶検査活動法は、重要影響事態において、自衛隊が船舶の積荷や目的地を検査・確認し、必要に応じて当該船舶の航路や目的地の変更を要請する活動に従事できるとしている。ただ同法の規定により、その場合は国連安保理決議（もしくは当該船舶の旗国の同意）が必要となる。日本の目から見て、国連の「お墨付き」を、自衛隊による船舶検査活動の正当性の根拠にする、という趣旨であろう。しかし、国連安保理常任理事国（アメリカ、ロシア、中国、イギリス、フランス）のいずれかが重要影響事態における相手国の場合、このような「お墨付き」が得られるとは考えにくいだろう。

3　存立危機事態・武力攻撃事態への対処

存立危機事態と武力攻撃事態

重要影響事態とは異なり、自衛隊が自衛のために武力を行使することを許されるのが、「我が国と密接な関係にある他国に対する武力攻撃が発生し、これにより我が国の存立が脅かされ、国民の生命、自由及び幸福追求の権利が根底から覆される明白な危険がある事態」（存立危機事態）、および日本に対する武力攻撃が発生した事態（武力攻撃事態）である。

存立危機事態については、たとえば朝鮮有事で北朝鮮が、日本海に展開された米イージス艦に対し攻撃をしかけてきた場合や、台湾有事で中国が、台湾周辺に機雷を敷設した場合などが、「我が国の存立が脅かされ、国民の生命、自由及び幸福追求の権利が根底から覆される明白な危険がある」事態になるとイメージできる。

こうした場合にアメリカ側からの要請を受けて、存立危機事態が認定されれば、自衛隊法にもとづいて自衛隊に防衛出動が下令されることになる。そして前者のケースでは海上自衛隊の護衛艦が米艦を公海上で護衛し、もしこの米艦が攻撃を受けた場合は応戦することになる。また後者のケースでは、海上自衛隊の掃海部隊が機雷掃海を実施することが考えられる（なお台湾有事における集団的自衛権の行使という論点については、次章で改めて検討する）。

存立危機事態では同盟国などを守ることになるし、また武力攻撃事態とは、日米安保条約五条事態であるから、いずれの場合も自衛隊とアメリカ軍が共同対処をおこなうことになると考えていいだろう。その際の態勢について定めるのが、事態対処法である。事態対処法は二〇〇三年六月六日に成立した際は、主に武力攻撃事態を対象とした法律であったが、平和安全法制整備の際に存立危機事態を含むものに改正された。

存立危機事態や武力攻撃事態という類型は、国際法上の自衛権概念と平仄を合わせて設定されている。国連憲章第五一条が明記しているように、国際法上、自衛権には二種類ある。一つは、自国への攻撃に対する自衛権を指す個別的自衛権である。もう一つが、自国と密接な関係にある他国への攻撃に対する自衛権で、これが集団的自衛権である。

存立危機事態が認定されると、国際法にのっとった集団的自衛権の発動として、自衛隊は自衛のための武力行使が許される。武力攻撃事態が認定された場合には、やはり国際法上の個別的自衛権の行使として、同じく武力の行使が認められる。

集団的自衛権の行使が限定的にでも可能になったことで、日米同盟の強化に資することになった。これまでは、日本防衛のために日本周辺で活動中のアメリカ軍が第三国から攻撃されても、自衛隊は自らが攻撃されない限り反撃できなかった。また、第三国がアメリカに対して発射した弾道ミサイルを、日本は能力があるにもかかわらず迎撃できないといった問題なども生じていた。

それだけでなく、集団的自衛権の行使が認められることによって、日本に対する武力攻撃以前でも、存立危機事態であれば、自衛隊によるアメリカ軍の艦船・航空機の護衛、敷設機雷の除去、不審船舶への強制立ち入りなどをおこなうことも可能となった。

「捨て石」としての集団的自衛権

日本では長らく、集団的自衛権の行使は憲法違反にあたるとして認められてこなかった。このような憲法解釈を明確にしたのが、一九八一年五月二九日の政府答弁書である（「一九八一年見解」）。一九八一年見解は集団的自衛権を、「自国と密接な関係にある外国に対する武力攻撃を、自国が直接攻撃されていないにもかかわらず、実力をもって阻止する権利」と定義した。そのうえで、憲法第九条の下で許容される自衛権の行使は、「我が国を防衛するため必要最小限度の範囲にとどまるべきもの」であり（必要最小限論）、集団的自衛権の行使は「その範囲を超えるものであって、憲法上許されない」とした。

このような論理の淵源は、一九五四年六月三日の国会での下田武三《たけぞう》外務省条約局長答弁に見出せる。この時の答弁のなかで下田は集団的自衛権について、「自分の国が攻撃されもしないのに、他の締約国（同盟条約の相手方）が攻撃された場合に、あたかも自分の国が攻撃されたと同様にみなして、自衛の名において行動するということ」と定義した。そのうえで、「日本自身に対する直接の攻撃あるいは急迫した攻撃の危険がない以上は、自衛権の名において発動し得ない」と明言した。

こう言われると、集団的自衛権の行使が必要最小限の範囲を超えるということでの説明は、なんとなく説得力があるもののように感じられる。だが実はそれは錯覚だ。

ここで気づいていただきたいのが、下田答弁や一九八一年見解では、集団的自衛権の定義そのもののなかに、自国が攻撃さ「れもしないのに」、あるいは自国が直接攻撃されていない「にもかかわらず」、実力をもって阻止する権利であるという、「否定」のニュアンスがはじめから組み込まれている点である。[10]

この点に着目すると、集団的自衛権の行使が必要最小限の範囲を超えるというこれまでの政府の説明は、実は同語反復にすぎないことが分かる。行使すべきでない権利だから行使すべきでない、と言っているに等しい。

ここで踏まえておかなければならないのが、下田答弁がなされた時代的背景である。この答弁のわずか六日後、防衛庁設置法と自衛隊法が公布された。集団的自衛権行使違憲論の淵源となる論理は、自衛隊発足とともに生まれたということになる。そして自衛隊の合憲性は、これと同じ年に採用された憲法解釈である必要最小限論によって確保されることになった。このことは偶然ではないだろう。

当時の政府側には、新たに誕生する自衛隊の合憲性を確保するという喫緊の課題があり、そのためには合憲性の根拠となる「必要最小限」という概念の判断基準を明確化する必要があった。

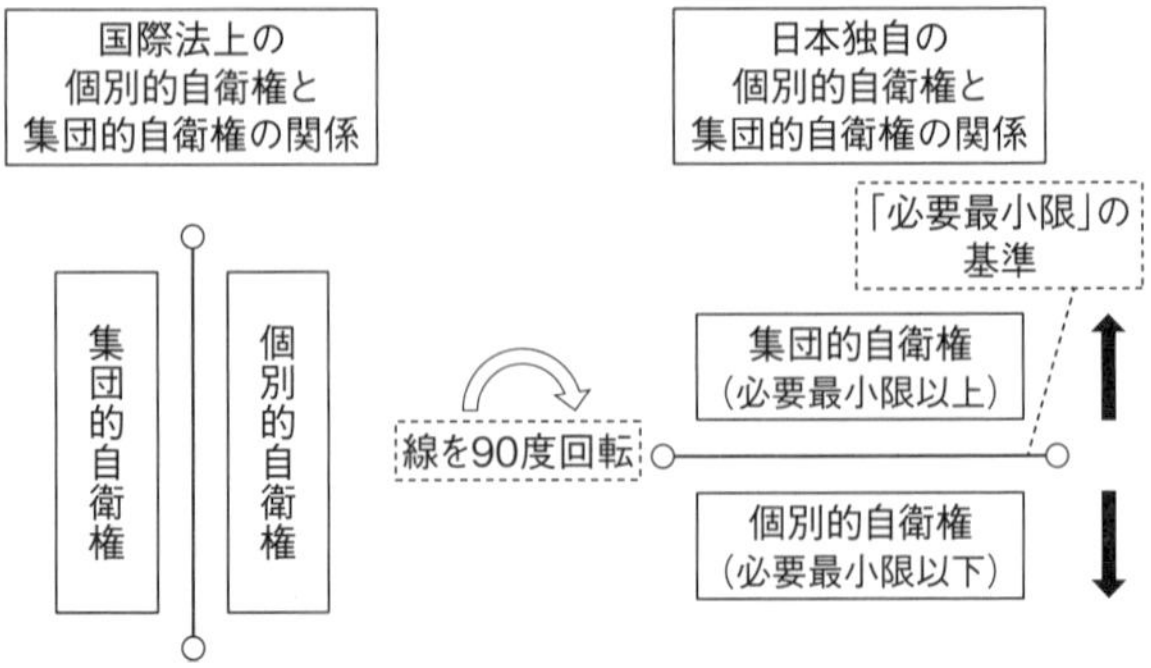

【図 3-1】日本独自の集団的自衛権理解（平和安全法制制定以前）
出典：筆者作成

そこで必要最小限という概念は、国際法上自衛権には二種類ある、という事実とひもづけられることになった。

つまり、個別的自衛権のみを行使する自衛隊は、自衛のための必要最小限の実力組織だから合憲だ、と言いたかったわけである。集団的自衛権はそのための「捨て石」なのだ。集団的自衛権行使違憲論とは、このような論理を成り立たせるためのいわば「手品」である。そして「れもしないのに」や「にもかかわらず」といった否定の言い回しを、日本独自の集団的自衛権の定義そのもののなかにこっそりとしのばせたのである。これが手品の種であった（図3−1）。

要するに日本にとっての集団的自衛権は、必要最小限論の採用とそれにもとづく自衛隊の合憲性の確保のための「捨て石」であり、その結果、集団的自衛権の行使は憲法違反とされたのだ。そうした一九五〇年代特有の事情に端を発しながら、次第に経緯が忘れ去られていき、集団的自衛権行使違憲論そのものに命が宿るようになったといえるだろう。

限定容認と世論の同意

たしかに、平和安全法制によって集団的自衛権行使が認められることにはなった。ただし、ここでおこなったのは「限定」容認である。平和安全法制が制定されたからといって、必要最小限論という憲法解釈自体が変更されたわけではなく、必要最小限論をとる限り、必ずどこかで「ここより内側が必要最小限」という「一線」を引き続けなければならないからである。

その一線というのが、集団的自衛権行使が容認されるのは「我が国と密接な関係にある他国に対する武力攻撃が発生」したというだけでは足りず、それにより「我が国の存立が脅かされ、国民の生命、自由及び幸福追求の権利が根底から覆される明白な危険がある」場合に限られるという制約である。つまりここで行使が容認されている集団的自衛権は、フルスペック（すべてを満たした状態）ではないということになる。したがって、集団的自衛権行使が認められることになったといっても、安全保障専門家の神保《じんぼ》謙《けん》が論じるように、たとえば第三国からアメリカの領土や洋上に展開するアメリカ軍部隊を標的として発射されたミサイルを日本が迎撃できるかは、法的解釈として判然としないとの見方も存在する。[11]

さらに深刻な問題は、前述のような経緯から、日本国内で集団的自衛権行使容認は立憲主義に反するという（誤解にもとづく）考えが広まったのみならず、自国と密接な関係にある他国への攻撃に対して自衛権を行使するのが許されるということにそもそも納得できない、という感情が浸透していることである。

平和安全法制の成立過程における社会的な反対運動のうねりのなかで、ある憲法学者は集団的自衛権のことを「他衛権」だと断じて、その行使を容認することを批判した[12]。集団的自衛権は、自国が攻撃され「もしないのに」、あるいは自国が直接攻撃されていない「にもかかわらず」、実力をもって阻止する権利なのだ。自衛といえないではないか、というわけである。

このような主張は、集団的自衛権の行使が「憲法」違反かどうかをめぐる議論という以前に、主権国家に集団的自衛権を自衛権として認めている「国際法」に対する批判になってしまっている。こうしたとりちがえが、集団的自衛権をめぐる議論を混乱させている。必要最小限論の採用とそれにもとづく自衛隊の合憲性の確保の代償といえよう。

このように集団的自衛権をめぐっては、憲法論争以前に、自国と密接な関係にある他国への攻撃に対して自衛権を行使するのが許されるということにそもそも納得できないという感情が、日本的視点として存在する。だが第三者的視点、すなわち日本に敵対的な相手側から見れば、これこそ日本の弱点であろう。

存立危機事態に際しての自衛隊の防衛出動には、法律上、国会承認（事後承認を含む）が必要である。国会承認が必要ということは、ひいては世論の同意がなければならないということを意味している。ここで見落としてはならないのが、自国への武力攻撃が発生していない段階での自衛権行使に日本国内で納得感が得られていないことを、相手側は知っているということだ。そうであれば先に例示したようなケースにおいて相手側は、そのことを見透かし、日本が存立危機事態対処としての防衛出動を国会承認にかける段階で、軍事的恫喝をおこなってくる可能性があるだろう[13]。

この時点では日本自身への武力攻撃が発生しているわけではないし、同盟国を守ることは自衛ではなく「他衛」なのだから、日本が巻き込まれないために集団的自衛権の行使を控えるべきと考えるか。それとも、ここで日本が脅しに屈してしまえば、同盟国を適切に守ることができず、結果的に日本の安全を危険にさらすことになりかねないと決断できるか。ここが歴史の分岐点になる。

事態の推移と対応の変更

事態対処法の規定では、存立危機事態や武力攻撃事態における自衛隊の防衛出動が認められた場合でも、対処措置を実施する必要がなくなったと総理大臣が認めるか国会が議決した場合には、措置は終了する。対処措置を実施する必要がなくなったとの判断は、事態の推移によってありうるだろう。

この対処措置の終了が、相手側との休戦協定署名などによって「平時」に戻ることと明らかに直結しているのであれば話は比較的単純である。問題は、日本自身に対する武力攻撃は止み、同盟国など自国と密接な関係にある他国への攻撃が「存立危機事態」といえるまでには該当しなくなったと判断されるものの、有事そのものは継続する、といったような場合だ。

たとえば、存立危機事態や武力攻撃事態としての対処措置は終了するが、引き続き「重要影響事態」として、アメリカ軍などへの後方支援を実施することなどである。重要影響事態が存立危機事態・武力攻撃事態に発展するのとは逆のケースである。

しかしこれは、あくまで日本の国内法の論理にもとづく、日本的視点での対応といえる。烈度を変えつつも、有事そのものは継続しているにもかかわらず、自衛隊が防衛出動を中止し、後方支援に転じたとすれば、第三者的視点では、安全保障専門家の西原正《まさし》が指摘するように日本の「戦線離脱」と受け取られないだろうか。[14]

歴史上、戦争中に陣営から離脱して単独講和に走る例は少なくない。第一次世界大戦でロシアを含む連合国は一九一四年九月に単独不講和協定にあたるロンドン宣言に署名したが、ロシアは一九一七年一一月の革命後に戦線を離脱して同年一二月に交戦相手であるドイツと休戦した。第二次世界大戦でも、連合国側のイギリスとフランスは一九四〇年三月に単独不講和を約束したものの、そのわずかおよそ三か月後にフランスのみナチス・ドイツに屈服した。形勢が逆転すると、枢軸国側のイタリアが、一九四三年九月に同じ陣営に属するドイツと事前に相談することなく連合国側と休戦した。

日本的視点に立った手続きにより、事態の推移に沿って細かく対応の変更をおこなえば、場合によっては相手側を勢いづかせるのみならず、同盟国の不信を買うことにもなりかねないだろう。また相手側の「認知戦」として、このことが日米同盟側に不利なかたちで増幅されて喧伝される可能性もある。

アメリカは自動参戦しない

本章で見た以上のケースでは、極東有事や重要影響事態、存立危機事態・武力攻撃事態でアメリカが軍事介入することが暗黙の前提となっている。

しかし二〇二二年二月に始まったロシアによるウクライナ侵略では、アメリカは被侵略国であるウクライナに武器供与などの支援をおこなう一方、ウクライナ防衛のための部隊の派遣はおこなっていない。

たしかにウクライナはアメリカの同盟国ではない。アメリカがウクライナを防衛する条約上の義務はなく、その点で日米同盟とは大いに異なる。

しかし、日米安保条約五条事態にあたる武力攻撃事態においてさえ、アメリカが自動参戦するわけではないことに注意が必要である。安保条約第五条は、日米両国が共通の危険に対処するように行動する場合に、「自国の憲法上の規定及び手続」に従うとしており、自動参戦義務を課すものとはなっていないからだ。

たしかにアメリカが日本や極東防衛のために軍事介入をおこなううえで議会の承認が必須とまではいえず、憲法上はアメリカ軍の最高司令官である大統領が決断できる。だがアメリカはオバマ政権以来、「世界の警察官」の座から降りるとしており、対外関与を後退させている長期的趨勢がある。二〇二一年八月三一日に、アメリカは「テロとの戦い」のために二〇年にわたって駐留してきたアフガニスタンからも完全に撤退した。

日本人の生命や在日米軍基地に直接被害が生じないような事態、たとえば無人島である尖閣諸島を中国軍が占領するとなった場合に、たとえこの過程が武力攻撃事態に該当するものであったとしても、アメリカ世論がアメリカ軍による介入を支持せず、また議会も予算執行に難色を示すなどすることで、大統領の決断に影響を及ぼすということが生じる可能性はゼロではないだろう。

＊

本章で見たような日本による極東有事、重要影響事態、存立危機事態・武力攻撃事態への対応、さらには事態の推移に応じた対応の変更は、第三者的視点に立った場合に、日本的視点で考えるイメージとは異なる展開を生じさせる可能性がある。

日本的視点では、日本が戦争に巻き込まれないようにするためや、必要最小限の一線を画すための措置であったとしても、相手側からはそうは見なされないか、あるいははじめから考慮に入っていないかもしれない。むしろ日本の弱点として認識されたり、同盟国からのものも含めて日本の意思に関する誤解を招いたりする懸念すらある。そもそもアメリカは有事に自動参戦してくれるわけではない。

日本的視点では、極東有事におけるアメリカの軍事行動に対し、日本は事前協議制度を通じて一線を画することができるということになるかもしれないが、第三者的視点では、アメリカの軍事行動とそれへの日本の便宜供与は一体化していると見ることができる。第1章で見た「極東一九〇五年体制」論に照らしても、日本が巻き込まれないように在日米軍の行動に制約を課すことにこだわるよりも、アメリカ軍による日本の基地の使用を実効的なものとするために、平素から日米両国が調整・協力をおこなっていくことの方が日本の安全にとって有益であろう。

また、自衛隊が活動できる地域に関する「他国が現に戦闘行為を行っている現場ではない場所」といった線引きや、自国と密接な関係にある他国への攻撃に対して自衛権を行使するのが許されるということにそもそも納得できないという国民感情についても、その合理性について絶えず検証していく必要がある。

さらに事態の推移にともなう対応の変更に際しても、国内法の論理だけでなく、相手側や同盟国からどう受け止められるかを考慮しておかなければならない。

これまで日本はアメリカの軍事的関与がなされることを前提として、在日米軍の行動に制約をかけたり、アメリカ軍などの武力行使との「一体化」を回避したり、あるいは自衛権発動の要件を極端に厳格化したりして「巻き込まれ」を防止することに腐心してきた。だがそうした前提自体が当たり前のものではないということを、日米安保条約第五条を再読して確かめる必要がある。平素から日米間で、グレーゾーンの事態からの一連の展開のなかでの五条発動のイメージやそこでの具体的要領を詰めることをはじめ、事態対処についての認識を共有・アップデートしていくことが重要である。

さらに、事態対処は初動対処だけではすませられない。その先に、どのような「出口戦略」を描くかという論点がある。これについては次章で見ていくことにしよう。

第4章　出口戦略

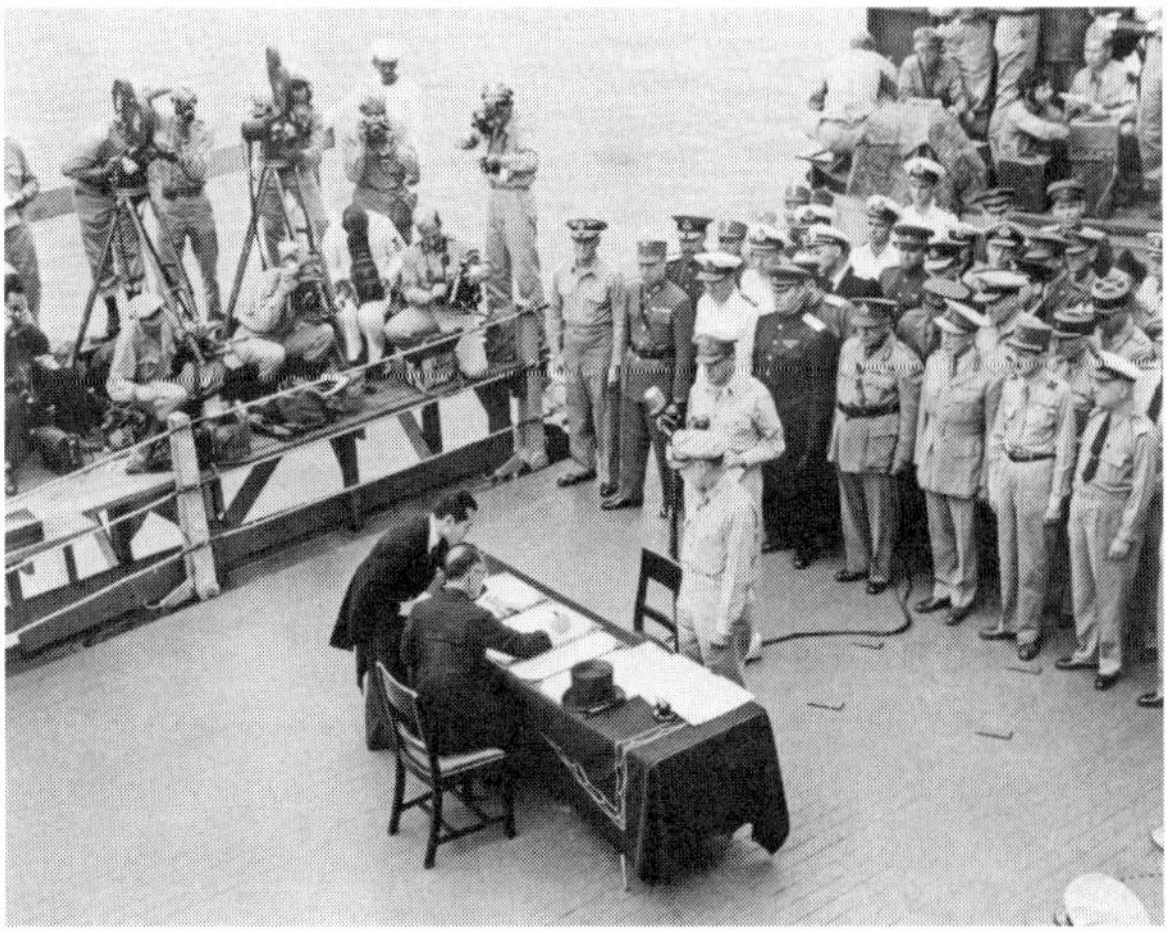

東京湾のミズーリ艦上で降伏文書に調印する全権重光葵外相。右側中央マイクに向かうのはダグラス・マッカーサー連合国軍最高司令官。1945年9月2日（写真＝時事）

前章で見た日米同盟による極東有事、重要影響事態、存立危機事態・武力攻撃事態への対処は、有事の「始まり方」についてのものであった。ではその「終わり方」は、どのように考えればよいのだろうか。

戦後日本では、伝統的な国家間戦争を対象とする一般的な意味での「戦争終結論」についてはほとんど研究されてこなかった。おそらく、戦争は起こしてはならないので（そのこと自体はまったく正しいが）、万が一戦争が起こった場合にこれをどう理性的に収拾するかについての議論はあたかも「戦争容認的」であるかのように誤解され、忌避されてきたのではないかと考えられる。日米同盟によって戦争は抑止されているので、抑止が破れたあとのことまでは考えなくて大丈夫、との願望にもとづくという意味での日本的視点といえるであろう。

だが二〇一一年三月の東日本大震災にともなって発生した東京電力福島第一原子力発電所事故以前のことを考えていただきたい。「原発は事故を起こさない」という「神話」に依拠して、万が一原発事故が起こった場合の備えについては不十分ではなかっただろうか。戦争は起こしてはならないが、だからといって万が一戦争が起こったときにどう終わらせるのかを考えなくてよいということにはならないのだ。

そもそも本書の問題意識の出発点は、「はじめに」でも述べたように、太平洋戦争末期の日本が日本的視点にとらわれてソ連仲介策を追求した失敗に学ぼうとするところにあるが、この事例は同時に、出口戦略の誤りという意味もあわせ持つ。

太平洋戦争における日本のもともとの出口戦略は、真珠湾攻撃直前の一九四一年一一月一三日に大本営政府連絡会議が決定した「対米英蘭蔣戦争終末促進に関する腹案」にまとめられていた。同腹案が期待したのは、同盟国ドイツの勝利、イギリスの屈伏、そしてアメリカの継戦意志の喪失によるアメリカとの引き分けであった。ドイツの敗北によって同腹案が示した出口戦略が瓦解すると、連合軍に対しどこかで「一撃」を加え、少しでも日本に有利な和平を勝ちとるとする「一撃和平論」が台頭するも、一撃（最終的には本土決戦が想定された）の成功の見通しが立たないことから、最後はソ連の力にすがることになる。太平洋戦争は、そもそも起こしたこと自体がまちがいであったと同時に、出口戦略においても迷走し、失敗したのだった。

このような失敗を犯した国で、敗戦後に有事への備えとしての戦争終結に関する議論が深まらなかったのは奇異ですらあるといえるだろう。

ただ、戦後日本の安全保障法制・政策文書のなかで、わずかながら出口戦略的な記述があるのでそれを確認しておこう。まず法律では、二〇〇三年六月になって事態対処法が制定された際に、同法で「武力攻撃が発生した場合には、これを排除しつつ、その速やかな終結を図らなければならない」と規定された。

政策文書では、「防衛計画の大綱」（現・国家防衛戦略）のうち「一九七六年大綱」（一〇月二九日策定）と「一九九五年大綱」（一一月二八日策定）は、侵略に対しては「極力早期にこれを排除する」と述べていた。続く「二〇〇四年大綱」（一二月一〇日策定）では、日本に脅威が及ぶ場合には「これを排除するとともに、その被害を最小化する」と記載され、「二〇一〇年大綱」（一二月一七日策定）、「二〇一三年大綱」（一二月一七日策定）、「二〇一八年大綱」（一二月一八日策定）で踏襲された。「二〇一三年国家安全保障戦略」も同様の表現をとっている。

これらのわずかな記述からあれこれ論じるのは難しいかもしれないが、速やかな終結と被害の最小化が重視されてきた、ということはいえるであろう。

ガイドラインでも、一九七八年版では侵略を「排除する」、一九九七年版でも「極力早期にこれを排除する」とされていたが、二〇一五年ガイドラインはもう少し踏み込んだ記述となった。二〇一五年ガイドラインでは、日本に対する武力攻撃が発生した場合、日米両国は「迅速に武力攻撃を排除し及び更なる攻撃を抑止するために協力し、日本の平和及び安全を回復する」としたうえで、アメリカは「日本の防衛を支援し並びに平和及び安全を回復するような方法で、この地域の環境を形成するための行動をとる」としている。

なおアメリカでは、「国家軍事戦略」（NMS）のような文書で、抑止に失敗した場合は、「武力攻撃に対処するかこれを打ち負かし、アメリカ、その国益、その同盟国に好ましい条件で紛争を終結させる」（一九九二年版）などと記載される場合もある。

近年の日本の政策文書でこの点についての書きぶりを変えたのが、二〇二二年国家安全保障戦略である。同戦略は、日本に脅威が及ぶ場合に「これを阻止・排除し、かつ被害を最小化させつつ」との従来からある文言に続けて、「我が国の国益を守る上で有利な形で終結させる」と初めて明記した。有事の速やかな終結と被害の最小化に加え、「国益を守るうえで有利なかたちでの終結」という新たな要素が加わったことは画期的であるといえる。

ただ、国家安全保障戦略で有事の出口に関する新たな要素が明記されたといっても、その中身についてはさらなる議論が期待される。本章では、そうした議論に資するべく、戦争終結論の視座にもとづく試論を展開したい。

1　戦争終結論の視座——「紛争原因の根本的解決」か「妥協的和平」か

戦争終結論への道案内

ここで戦争終結論について語るのは、これまでの本書の議論とはやや毛色が異なるかもしれない。この点について少し説明しておくと、私事で恐縮だが、筆者は二〇一〇年代初頭に内閣官房副長官補（安全保障・危機管理担当）付主査として総理官邸・内閣官房で安全保障・危機管理の実務に携わった。その時に感じた問題意識が、「これからの日本の安全保障政策を考えたときに、出口戦略という観点も取り入れていかなければならないのではないか、そのためには『戦争終結』という概念について突き詰めて研究することが重要なのではないか」というものであった。

そこで研究生活に戻ったのち、戦争終結研究に取り組んだ。本章の議論は、そこで得られた知見を日米同盟の出口戦略を考えることに活用してみようという試みであるとご理解いただきたい。

さて戦争終結について考えるうえで、過去の戦争がいかに終結したかを振り返ることが大いに参考になるだろう。ただ、単に「〇〇戦争は一方の国が敵国を打倒して終わりました」「××戦争では休戦協定が結ばれました」「△△戦争ではこうでした」といったように、様々な事実を列挙するだけでは、結局「戦争によって様々な終わり方がありますね」というとりとめもない話でそれこそ終わってしまう。様々な戦争の終わり方を整理し、一望できるようにするためには、分析の「レンズ」が必要だ。そこで本書ではそうしたレンズとして、「紛争原因の根本的解決」と「妥協的和平」のジレンマ、という考え方を紹介したい。[1]

そもそも戦争終結には、大きく「紛争原因の根本的解決」と「妥協的和平」という二つのかたちがあると考えることができる。このとき交戦勢力のうち、まずは優勢勢力側の視点を入り口にしてみる。戦争がパワーとパワーのぶつかり合いである以上、その方が説明が容易だからである。

優勢勢力側からすれば、劣勢となった交戦相手をコテンパンに叩きのめし、再起不能にすることが望ましいだろう。そうしておけば、この相手とは今後二度と戦争せずにすむからである。将来の禍根を絶つことができるわけだ。交戦相手に完全勝利し、無条件降伏を押しつけ、それによって将来の禍根を絶つ。このような戦争終結のかたちを、「紛争原因の根本的解決」と呼んでおく。たとえば、第二次世界大戦において連合国は、交戦相手であるナチス・ドイツの首都ベルリンを陥落させ、総統ヒトラーを自殺に追い込み、ドイツの主権自体を消滅させるまで戦った。太平洋戦争の終結も、日本の「無条件降伏」で終わったからこのカテゴリーに入る。

ところが、たとえ優勢勢力側であるといっても、交戦相手を完全に打倒するにはそれなりの血を流すことが求められるだろう。人命の損失を中心とする犠牲を覚悟しなければならないということである。それがイヤなら、将来に禍根を残すかたちになるかもしれないが、交戦相手と妥協して途中で戦争を終わらせる、という選択肢が出てくる。つまり「妥協的和平」という終わり方である。たとえば一九九一年一月からの湾岸戦争では、多国籍軍はクウェートに侵攻していたイラク軍への攻撃を途中で停止し、クウェート侵攻を引き起こしたイラクのサダム・フセイン体制を結果的に延命させた。イラクの首都バグダッドまで進軍することで、多国籍軍側の犠牲が増大することを回避するためであった。ただ、これが結果的にアメリカにとって将来に禍根を残すかたちとなり、二〇〇三年にイラク戦争が戦われることになる。

「将来の危険」と「現在の犠牲」のバランス

このように、戦争終結の形態は、「紛争原因の根本的解決」か「妥協的和平」かのどちらかの方向に転ぶ。そしてそれを決めるのは、優勢勢力側が「将来の危険」と「現在の犠牲」のバランスをどう見るかだ。

戦争においては優勢勢力側が、交戦相手を生かしておくことで、のちのちこの敵ともっと大きな戦争を戦わなければならなくなるといった「将来の危険」を強く懸念する場合があるだろう。その際、戦争継続による自軍の「現在の犠牲」が小さいか、それを甘受できると考える場合は、優勢勢力側は「紛争原因の根本的解決」、つまり交戦相手政府・体制の打倒に向かって進むだろう。逆に、「現在の犠牲」が大きい割に、交戦相手と妥協することの「将来の危険」がそれほどではないということになれば、「妥協的和平」の方向に進むと考えられる。

戦争の終わり方は、ヨーロッパにおける第二次世界大戦のように、一方が他方を完全に打倒してしまうケースもあれば、湾岸戦争のようにそうでないケースもあり、様々である。だが実はよく見ると、どの戦争の終結のかたちも、結局のところ「将来の危険」と「現在の犠牲」のバランスをどう評価するかによって決まるという点では、同じなのである。

ここで問題になるのが、「将来の危険」と「現在の犠牲」は、トレードオフ（二律背反）の関係にある、ということだ。「将来の危険」を除去するためには、今戦われている戦争で自分たちが犠牲を払う必要がある。逆に、「現在の犠牲」の回避のためには、将来にわたり危険と共存しなければならない。このようないわば「シーソーゲーム」のなかで、実際の戦争終結形態という「答え」を探さなければならない。戦争終結は、「紛争原因の根本的解決と妥協的和平のジレンマ」のなかで決まる。ここに、戦争終結の真の難しさがあるのだ。

では、劣勢勢力側は戦争終結のかたちに影響を与えることはできないのだろうか。たとえばイラク戦争では湾岸戦争と異なり、アメリカなどの有志連合軍は、圧倒的な軍事的優位の下、きわめて短期間でフセイン体制を完全に打倒した。たしかにこうしたケース、すなわち軍事的結果が圧倒的であったり、優勢勢力側が「紛争原因の根本的解決」の「極」に固執したりする場合では、いったん戦争が始まってしまうと劣勢側の打つ手はきわめて限られる。そもそも敗者は勝者に「紛争原因の根本的解決」を押しつけられないだろう。

一方、たとえ劣勢勢力側であっても、影響力を行使できる場合がある。劣勢勢力側は戦争終結形態を少しでも「妥協的和平」の側に移動させるため、交戦相手側が抱く「将来の危険」を低減させるか、相手側の「現在の犠牲」を増大させるという選択をとることができるかもしれない。

そうすると劣勢勢力側の出方が、優勢側が認識する「将来の危険」と「現在の犠牲」のバランスに影響を与えることになる。この時、優勢勢力側は、劣勢側に妥協するか、さらなる犠牲を覚悟しても妥協しないかの判断を迫られるだろう。

一九五〇年六月から始まった朝鮮戦争において、共産側（中国・北朝鮮側）は、本来優勢勢力であるアメリカ軍を中心とする国連軍および韓国軍側を相手に、戦線が膠着するまで抵抗することができた。国連側から見ればこうした状況は、当時国連軍司令官として同軍を指揮したマッカーサー元帥が主張したように、核兵器の使用によって打開できたかもしれない。だがそのような行為に出れば、アメリカは中国のみならず、ソ連との全面戦争を覚悟しなければならなくなり、その場合には膨大な犠牲が生じるおそれがあった。アメリカは中国・ソ連との全面戦争で生じる犠牲を受け入れるよりも、休戦し、北朝鮮の「将来の危険」とやむなく共存する道を選んだ。

また一九六四年ごろから本格化したベトナム戦争でも、アメリカと敵対した北ベトナム側は、自分たちの犠牲を覚悟のうえでアメリカ・南ベトナム側に犠牲を強い続け、結局アメリカは和平協定締結という「妥協的和平」によって泥沼の戦争から抜け出すことになった。

以上を踏まえると、戦争終結についてのスペクトラム（連続体）をイメージすることができる（図4－1）。スペクトラムの一方の端に、「紛争原因の根本的解決」の「極」がある。「紛争原因の根本的解決」の「極」とは、交戦相手を根絶やしにするようないわゆる「カルタゴ的平和」である。紀元前二世紀、ローマは第三次ポエニ戦争に勝利し、敗れたカルタゴの存在を地上から抹殺した。他方の端にも、「妥協的和平」の「極」がある。ここでの「極」は、交戦相手の要求の

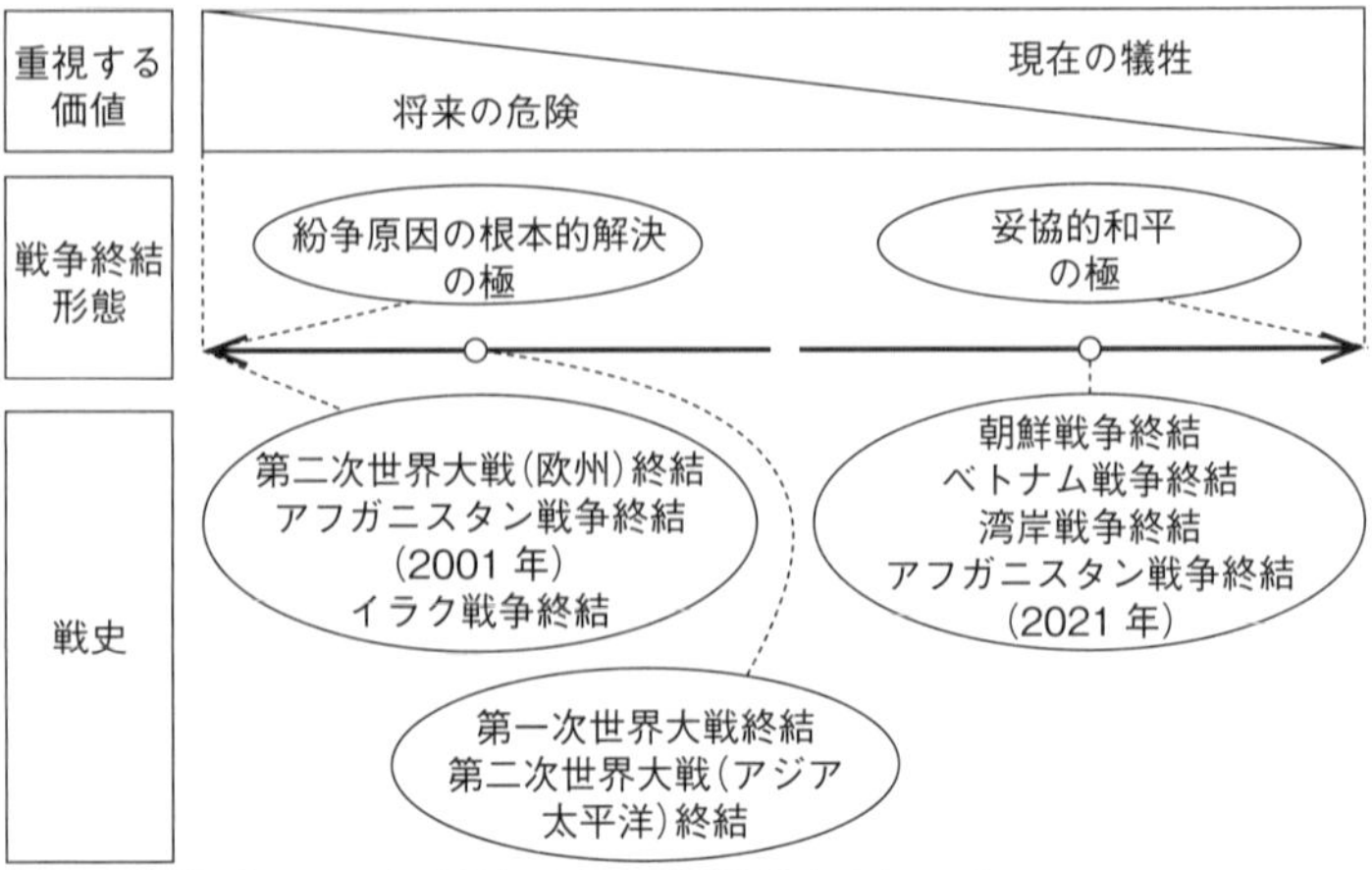

【図 4-1】「紛争原因の根本的解決」と「妥協的和平」のジレンマ
出典：筆者作成

丸呑みとしておこう。

そして戦局の推移によって、両者の「極」のあいだのどこかの地点で「将来の危険」と「現在の犠牲」のあいだのバランスが定まり、戦争が終結することになる。

このような戦争終結の考え方は、おそらく多くの人びとの直感に反するものである。というのも、直感的には、強者は常に「紛争原因の根本的解決」の極を追求し、交戦相手の抵抗によって引き分けに近づくにつれて、「妥協的和平」の方に下がっていく、と思えるからである。

しかし「紛争原因の根本的解決と妥協的和平のジレンマ」の考え方では、強者が常に「紛争原因の根本的解決」の極を追求することにはならない。なぜなら強者は、まさに自らの強さゆえに、弱者である交戦相手の「将来の危険」を恐れずに、妥協することができるからである。これは実際に湾岸戦争でアメリカがイラクに対してしたことであった。

2　日米同盟側優勢のケース

「将来の危険」の除去を重視

それでは、万が一不幸にして有事が発生した際の日米同盟の出口戦略について、前節で見た「紛争原因の根本的解決と妥協的和平のジレンマ」という分析レンズを用いて考えてみよう。まずは日米同盟側が交戦相手に対し優勢の場合で、なおかつ「将来の危険」と「現在の犠牲」のバランスをめぐる認識が日米両国で一致することを想定してみる。

この時、もし日米同盟側にとっての交戦相手の「将来の危険」が極限まで大きく、逆に自分たちの「現在の犠牲」がきわめて小さい場合、理論上は交戦相手政府・体制の打倒が追求されることになる。二〇一五年ガイドラインでいえば「平和及び安全を回復するような方法で、この地域の環境を形成するための行動をとる」こと、また二〇二二年国家安全保障戦略が述べる「国益を守る上で有利な形で終結させる」ことが、最大限追求されるような状況がイメージされる。

しかし交戦相手がナチス・ドイツやフセイン体制などとは異なり、核保有国である場合、相手側の核戦力を弾道ミサイル迎撃システムで完全に無力化するか、あるいは緒戦ですべて破壊するかして、こちら側に犠牲が生じないようにできることが前提になる。それができない場合、核保有国を相手に「紛争原因の根本的解決」を追求することは、核での報復を受けることを考慮すれば「現在の犠牲」が大きすぎて不可能である。

また日本が「紛争原因の根本的解決」を図ることには、軍事上のみならず政治的な制約もある。有事における自衛隊の作戦行動は、「専守防衛」の原則にのっとったものでなければならない。専守防衛とは、相手からの攻撃を受けて初めて武力を行使し、その場合も必要最小限の武力行使にとどめるとする姿勢を指す。一方、専守防衛原則は、それにより「将来の危険」が残るのではないかとか、結果的に彼我双方の「現在の犠牲」が増大するのではないかといった、戦争終結論的な発想を必ずしも踏まえたものではないことには注意が必要であろう。

専守防衛原則に加えて、憲法第九条が交戦権を認めないとしていることについての政府の憲法解釈との整合性を図る必要がある。ここでは、「敵が攻めて来た場合、ずっと敵を追い詰めて行って、そうして将来の禍根を断つために、もう本国までも全部やつ《マ》け《マ》てしまうというようなことが卑近な例として考えられますれば、交戦権があればそれは許されるであろう、併《しか》しないからそれは許されない」（一九五四年五月二五日、佐藤達夫内閣法制局長官答弁）とされている。ただしこれについては国際政治学者の篠田英朗《ひであき》が、日本国憲法は現代国際法で否定されている交戦権を改めて認めないとしているにすぎないとの重要な指摘をおこなっているので、あわせて付記しておきたい。[2] いずれにせよ、このような局面では「現在の犠牲」を恐れるあまり、許容できないような「将来の危険」を残し、短期間で平和が崩れることがないように注意しなければならない。

「現在の犠牲」の回避を重視

逆に、日米同盟側にとっての「将来の危険」が小さく、「現在の犠牲」が大きい場合、「妥協的和平」が図られることになる。二〇二二年国家安全保障戦略以前の、速やかな終結と被害の最小化を最重要視するかたちである。そのなかでも日米同盟側の優位性が高ければ、それに見合った休戦の条件を交戦相手に呑ませることができるかもしれない。たとえば、兵器の種類や配置などについて、戦後こちら側がある程度安心できるような制約（非核化など）を相手に課すことが考えられる。

あるいは、「現在の犠牲」の回避を重視した結果、当面の脅威を撃退するのみで、戦後も緊張状態の継続を受け入れるようなかたちの休戦が選ばれる可能性も否定できないであろう。そこでは、「将来の危険」を過大評価して、不必要な「現在の犠牲」を払うことは避けなければならないということになる。

拮抗

加えて、日米同盟側から見て、「将来の危険」と「現在の犠牲」が拮抗することも考えられよう。この場合、戦争終結の形態は不確定となる。交戦相手側から見れば、日米同盟側につけ入るスキが生じる。日米同盟側は、相手側の反応を見きわめて実際の戦争終結形態を選んでいくことになる。

この点について、太平洋戦争の例を見てみよう。太平洋戦争において、もともとアメリカは一九四一年一二月七日（ハワイ時間）の真珠湾奇襲で自国に直接攻撃を加えた日本軍国主義をナチズムと並ぶ脅威とみなし、「妥協的和平」では取り除くことのできない「将来の危険」を除去するために、ドイツに対するのと同様に無条件降伏政策を掲げていた。しかし日本側の抵抗は激しく、日本本土侵攻を実行すればアメリカ側にも甚大な損害が出ることが予想された。ドイツでおこない、大量の血が流されるのを実際に目にした本土戦を、日本を相手に繰り返したくはなかった。一方の日本側は、「現在の犠牲」に対するアメリカ側の懸念に乗じて徹底抗戦に出て、少しでも有利な「妥協的和平」を得ようとしたと説明できる。

そこでアメリカは、ポツダム宣言によって、「戦争終結に引き続く占領は連合国の目的が達成され日本国民の自由意思による平和的傾向を有する責任ある政府が樹立されるあいだにとどまる」との戦後の展望を示すことにした。一方、日本側が最重要視していた「国体護持」（天皇制存置）までを保証することは、日本に対し、日本が連合国側にさらなる譲歩を求めるインセンティブ（誘因）を与えることになって逆に戦争が長期化する可能性があると判断され、盛り込まれなかった。[3]

アメリカによるもう一つの方策は、広島・長崎への核使用であった。ただしこのような核によるエスカレーションは過剰であった可能性が高い。日本がソ連仲介策にのめり込んでいたことを考慮すると、このことについての日本側の望みを絶つことの方が効果的であったといえる。

このような歴史を一つの手がかりとするのであれば、日米同盟側から見て「将来の危険」と「現在の犠牲」が拮抗する場合には、第一に、第三者の介入（またその裏返しとしてこちら側の同盟勢力の離脱）に関する交戦相手側の望みを絶つ方策が考えられる。第二に、相手側がさらなる譲歩を求めようとするインセンティブを高めない程度に戦後についての約束を示すことである。そして第三に、適切なかたちでのエスカレーションをとることが考えられる。

日米間の不一致

問題となるのは、「将来の危険」と「現在の犠牲」のバランスをめぐる認識が、日米間で不一致となる場合である。この場合、日米間の溝に乗じ、交戦相手側は日米の一方に対して単独講和の揺さぶりをかけてくるかもしれない。前章でも見たが、戦争中に陣営から離脱して単独講和に走る例は歴史上も少なくない。

もしアメリカが、交戦相手の「将来の危険」を日本が認識するよりも軽視し、「現在の犠牲」の方を重視して相手側との単独講和に応じることになれば、日本は単独でも戦争を継続するかどうかを決断しなければならなくなる。当然、「現在の犠牲」の増大は避けられないが、その時点での戦争終結が日本に残すことになる「将来の危険」に照らして犠牲が許容可能か否かが判断の分かれ目になる。犠牲が許容不可能ということになれば、アメリカが主導するであろう相手側との和平に、日本側の要求を盛り込ませることしかできなくなるだろう。

朝鮮戦争末期、「現在の犠牲」を重視して休戦に舵を切ったアイゼンハワー政権と、北朝鮮の「将来の危険」をアメリカ以上に重く見て戦争継続を主張した韓国の李承晩政権とのあいだで対立が生じた。[4] 結局、韓国側は戦後にアメリカが韓国と同盟関係に入る保証を得て、ようやく休戦に応じた。ベトナム戦争末期にも、やはり北ベトナムとの戦いをめぐって「将来の危険」と「現在の犠牲」のバランスが異なったアメリカのニクソン政権と南ベトナムのグエン・バン・チュー政権とのあいだに亀裂が入った。[5] そしてこの場合は、朝鮮戦争とは異なってアメリカ軍はベトナムから撤退することになった。その後、何が起こったかというと、パリ和平協定（一九七三年一月）からおよそわずか二年後に北ベトナムが南進してチュー政権が瓦解し、南ベトナムの首都サイゴンは陥落するという事態であった（一九七五年四月）。

アメリカが主導する交戦相手側との和平に日本側の要求を盛り込ませることができるとしても、そこで日本が得られるものが、朝鮮戦争における韓国以上のもの（日米同盟の再強化）になるのか、それともベトナム戦争における南ベトナム以下のもの（見捨てられ）になるかは分からない。

逆のケースとして想定されるのは、日本が交戦相手側と単独講和することである。

なお過去の戦史では、同盟を離脱した元メンバーが、離脱された側の元同盟相手からの攻撃にさらされる場合もあった。第二次世界大戦では、枢軸国と休戦したフランス、連合国と休戦したイタリアは、それぞれそれまでの同盟相手であったイギリス、ドイツからの攻撃にさらされた。

一九四〇年六月にフランスがイギリスとの単独不講和の約束を破ってドイツと休戦すると、イギリス海軍は、フランス艦隊がドイツ側の手に落ちることよりも、七月にこれをフランス領アルジェリアのメルセルケビールで破壊することを選んだ。[6] その後、一九四三年九月には逆にイタリアが枢軸から離脱することとなったが、イタリア休戦の一報を受けると、それまで同じ枢軸側にあったドイツ軍がただちにイタリアに侵攻した。[7]

さらに言えば、各々の事例では離脱された側の同盟国が後ろ盾となる亡命政権・傀儡政権が出現した。フランスのド・ゴール将軍が亡命先のロンドンで一九四〇年六月に結成した「自由フランス」や、ドイツがムッソリーニ（クーデターで失脚したのち幽閉されていたがドイツ軍が救出）を担ぎ上げて一九四三年九月に北イタリアに樹立した「イタリア社会共和国」の例がある。

そこまでの極限状態にいたるかどうかはともかく、日米のうち一方が同盟相手の意向に反して交戦相手側と単独講和した場合は、「戦後」の日米同盟は取り返しのつかないダメージを負うことになるであろう。

朝鮮有事の出口

それでは以上を念頭に、朝鮮有事と台湾有事の出口のシナリオを考えてみたい。

北朝鮮の軍事行動により朝鮮有事が発生した場合、まずは米韓同盟としての対応がなされる。そして基本的には優勢勢力である米韓同盟側が、戦争終結を主導することになると考えられる。ただし、米韓同盟側が、北朝鮮の「将来の危険」の除去のために、金正恩《キム・ジョンウン》体制の打倒という「紛争原因の根本的解決」を図るか否かは、米韓側の「現在の犠牲」をどこまで許容できるかにかかっている。

朝鮮戦争でマッカーサー国連軍司令官は、北朝鮮の「将来の危険」を重視する立場から、「紛争原因の根本的解決」、すなわち国連軍が支援する韓国による朝鮮統一をめざし、一九五〇年一〇月に北緯三八度線を突破して北進した。しかしこれに反応して中国が参戦し、国連側の「現在の犠牲」が増大したことで、「妥協的和平」に転換せざるをえなくなった。

今日でも、劣勢勢力である北朝鮮は、自らの劣勢を知るがゆえに、本格的な全面戦争に発展するより前に自分たちに有利な状況を形成して、米韓同盟側がその状況を覆すのに多大な「現在の犠牲」が生じる（ことであきらめる）ように仕向けると考えられる。[8] たとえば、長距離火砲や短距離弾道ミサイルで韓国軍・在韓米軍の拠点に打撃を加えたり、韓国の主要な空港や港湾などを生物・化学兵器で攻撃したりすれば、朝鮮半島における米韓連合軍による反撃作戦や来援するアメリカ軍部隊による攻勢作戦は簡単にはいかなくなる。

また日本に対して、対米韓支援を阻止する目的で、準中距離弾道ミサイルや長距離巡航ミサイルを排他的経済水域（EEZ）内や過疎地に向けて発射する心理的恫喝をおこなう可能性がある。さらに、在日米軍の来援を妨害するため、通常弾頭搭載ミサイルで在日米軍基地・自衛隊基地を攻撃することも想定される。

ここで米韓同盟・日米同盟側は、さらなる犠牲を払って対北朝鮮作戦を継続するか否かの判断を迫られる。「現在の犠牲」の拡大を恐れて休戦を選ぶのであれば、米韓同盟・日米同盟側にとっての「妥協的和平」の極に傾く戦争終結形態となる。場合によっては韓国の一部地域の占領なども想定されるかもしれない。そうすると北朝鮮側が自信を深め、近い将来の再侵攻を招く危険も残る。

米韓同盟・日米同盟側が、そうした形態での「妥協的和平」によって残される「将来の危険」の除去を、「現在の犠牲」の回避以上に重視するのであれば、作戦継続が選択されることになる。これに北朝鮮側が屈すれば、米韓同盟・日米同盟側は開戦前の原状回復という「妥協的和平」を達成することが考えられる。戦局によっては原状回復に加えて、北朝鮮のミサイルの配備形態や数量の制限、非核化などの条件も示せるかもしれない。

ただし、米韓同盟・日米同盟側にとっての「紛争原因の根本的解決」、すなわち金正恩体制の打倒は、同体制が相手と刺しちがえる覚悟で体制崩壊と同時に米韓同盟・日米同盟側に潜水艦などから核攻撃をしかけてくる危険性もあるとみなされれば躊躇されるであろう。

だが、北朝鮮は屈さず、逆に米韓同盟・日米同盟側の継戦意志をくじくべく、さらなるエスカレーションに踏み切るかもしれない。たとえば、核の使用である。もっともこの場合の核使用は、アメリカからの核による報復を招かない程度に自制されたものになる可能性が高い。たとえば、「大気圏内核実験」という名目で、核弾頭を搭載した弾道ミサイルを日本海に向けて発射することや、核爆発装置を搭載した工作船を起爆することなどである。[9]

こうしたエスカレーションを前に、アメリカ・日本・韓国側が「将来の危険」と「現在の犠牲」のバランスに関する認識で一致し続けることができるか否かが問われる。場合によってはアメリカ・日本・韓国側で「現在の犠牲」を重視して休戦を志向するグループ（もしくは単体）と、「将来の危険」を重く見てあくまで戦争継続を選ぶ側に分かれるといったようなかたちで、同一陣営内で足並みの乱れが生じるおそれが出てくるかもしれない。

当事国である韓国は「将来の危険」にもっとも強くさらされるので簡単に屈服するとは考えにくいが、韓国、もしくはアメリカが屈した場合、開戦前の原状回復を図れないような「妥協的和平」となる危険性がある。

日本が戦線から離脱した場合も、米韓同盟側が不利になる。ただ、ここで留意しておかなければならないのは、在日米軍の直接戦闘作戦行動に関する事前協議制度について定めた「岸＝ハーター交換公文」（第1章参照）には、事前協議を通じて日本側がいったん許可したアメリカ軍の行動を、事後に中止させるための規定はない、という点である。

日本は一九六九年一一月の佐藤＝ニクソン共同声明の韓国条項と佐藤栄作総理のナショナル・プレス・クラブ演説で明らかにしているように、朝鮮有事の場合には事前協議に限りなくイエスと答えるであろう（極限状態では朝鮮密約が持ち出されないとも限らないであろう）。そうするとアメリカ軍は日本の基地から対北朝鮮の直接戦闘作戦行動に従事することになるが、アメリカ軍が日本の基地からの出撃を中止しないような場合には、日本による単独講和の申し出が北朝鮮側に受け入れられる可能性は低いといえるだろう。朝鮮有事において、日本の運命と韓国の運命を線引きすることはできないのである。

台湾有事の出口

続いて台湾有事について検討する。中国が台湾侵攻を開始し、台湾が単独で対処を迫られるとすると、両者の関係で優勢勢力である中国側は、少ない「現在の犠牲」で目的を達成できるかもしれないと考え、中国側から見た場合の「紛争原因の根本的解決」、すなわち台湾併合を志向する可能性が高い。

二〇二二年二月からのロシア・ウクライナ戦争で、プーチン大統領も当初は同様の認識に立っていたと考えればイメージしやすいだろう。ロシアは二〇〇八年八月七日からのジョージアへの侵攻や、二〇一四年三月一八日に強行したウクライナ領クリミアの併合に際し、犠牲をほとんど出さずにこれらを達成できた。この経験から、ウクライナが西側寄りになるという強迫観念じみた「将来の危険」を、少ない「現在の犠牲」で阻止できると考え、ロシアから見た場合の「紛争原因の根本的解決」、すなわちウクライナの首都キーウの陥落、ゼレンスキー政権の打倒、ウクライナの非武装化・中立化（ウクライナの完全属国化）をもくろんだとみられる。

台湾有事の展開としては、たとえば中国側が海軍艦船による台湾の海上封鎖や、戦略支援部隊・サイバー民兵による台湾や関係各国の重要インフラを標的としたサイバー攻撃などをおこなったうえで、ロケット軍・陸海空軍による台湾の重要軍事施設に対する弾道ミサイル・巡航ミサイル攻撃や、強襲揚陸艦と大型輸送機・輸送ヘリなどによる台湾への着上陸作戦、さらには台湾政府首脳部を標的とする特殊部隊による斬首作戦に着手することなどが考えられる。

ここで台湾が屈伏すればそれまでだろう。しかし台湾が徹底抗戦を選択し、アメリカの関与を求め実現すれば、「現在の犠牲」の極小化による「紛争原因の根本的解決」という中国側のもくろみは外れる可能性がある。これがまさにウクライナで起こったことであった。

ウクライナから見た場合、「現在の犠牲」の回避のためにロシアに降伏したとしても、その後に「ブチャの虐殺」に見られたような残虐行為にさらされる「将来の危険」が大きい。台湾でも、中国による併合でこれまで台湾が発展させてきた自由と民主主義が奪われる可能性が高いし、抵抗した主体が戦後「反逆者」などとして中国側によって処罰される危険性がある。

アメリカにとっても、台湾併合により中国海軍の艦船が太平洋に自由に進出し、アメリカ本土が中国の戦略原子力潜水艦の射程圏内に収められる危険がある。日本もそれ以後の海上交通を脅かされることになる。何よりも、中国による台湾併合は「極東一九〇五年体制」の崩壊を意味する。

アメリカが台湾防衛のために軍事介入し、米台側が優勢勢力になれば、戦争終結の主導権も米台側に移る。アメリカ側は、たとえば当初は警戒監視などの示威行為を通じて中国軍に撤退を促すべく、台湾周辺に空母艦隊を派遣することなどが想定される。そして中国側の出方によっては、台湾へのアクセス維持と日本の南西諸島防衛を目的として、東シナ海や台湾東部海域での海上優勢を確保する作戦や、台湾海峡を渡航する中国海上部隊への攻撃などを段階的に実施することになるかもしれない。

この間、日本の関与が徐々に深まっていくことも考えられる。アメリカ軍に日本の基地からの直接戦闘作戦行動を許す、重要影響事態を認定して海上自衛隊の補給艦を西太平洋の公海上に派遣し米イージス艦への洋上補給などの後方支援をおこなう、などである。さらに、存立危機事態を認定して中国側による台湾周辺での機雷敷設に対し海上自衛隊の掃海部隊による機雷掃海などを実施する、中国海上部隊への攻撃に日本の反撃能力や海上自衛隊の潜水艦も使用する、といった展開になるかもしれない。中国が核の脅しに出た場合は、中国に対する脅しとなりかつ台湾や日本が安心できるかたちで、アメリカが拡大抑止（次章参照）の提供を明確にする。

日本がどのような対応をとるかにかかわらず、中国側から在日米軍基地・自衛隊基地への弾道ミサイル攻撃がおこなわれる可能性もある。また、中国が台湾の一部であると主張している尖閣諸島や、台湾を太平洋側から攻める際の重要拠点となる与那国島・石垣島を、中国軍が占領するかもしれない。これらはいずれも日本に対する武力攻撃事態である。

仮に日米同盟・台湾側が優勢であっても、これら一連の対応をとるにあたり、中国に対して「紛争原因の根本的解決」、すなわち中国共産党体制の打倒を掲げることは不可能である。言うまでもなく核戦争に発展しかねず、「現在の犠牲」が極大化するからである。したがって、何らかの「妥協的和平」を達成するにとどめ、中国共産党体制という「将来の危険」とは戦後も共存していかざるをえない。米戦略国際問題研究所（CSIS）が二〇二三年一月にとりまとめた台湾有事に関するレポートでは、アメリカ側による中国本土への攻撃は、エスカレーションにつながるので控えるものとされている。[10]

ここでの「妥協的和平」の一形態として考えられるのは、中国軍を撃退して中国による台湾島の制圧を阻止し、開戦前の原状回復を図ることである。CSISのレポートは、台湾有事に関する二四通りのシナリオでシミュレーションをおこなった結果、ほとんどの場合で中国軍による台湾島制圧を失敗に追い込むことができるとする。ベース・シナリオでは、中国側の死傷者は地上で約七〇〇〇人、海上で約一万五〇〇〇人に上り、艦船一三八隻、航空機一五五機を失うとされる。

ただ原状回復を達成するのでさえも、日米同盟・台湾側は少なくない「現在の犠牲」を払わなければならない。CSISレポートによれば、ベース・シナリオでアメリカ軍の死者は約三二〇〇人となり、空母二隻を含む艦船一七隻、航空機二七〇機を喪失する。台湾軍は約三五〇〇人の死傷者を出したうえ、すべての艦船二六隻と航空機の約半数を失う。自衛隊も無傷ではいられない。艦船二六隻・航空機一一二機を失うこととなっている。[11]

また、笹川平和財団が二〇二三年一月に実施した台湾有事のシミュレーションでも、中国にとって軍への軍事物資供給が途絶し、日米同盟側に台湾上空の制空権を握られ、中国劣勢のまま二週間あまりで収束するとの見立てが示された。[12] 中国側には四万人以上の人的被害が生じ、空母二隻を含む艦船一五六隻、戦闘機一六八機、大型輸送機四八機などを喪失するとされた。

一方で同シミュレーションでは、アメリカ軍は死傷者一万七〇〇〇人、艦船一九隻・航空機四〇〇機喪失、台湾軍は捕虜を含め死傷者一万三〇〇〇人、艦船一八隻・航空機二〇〇機喪失という被害を受けるとの結果となった。日本側も、自衛隊は護衛艦など艦船一五隻や、F-2・F-35など戦闘機一四四機を失うのみならず、日本の基地も攻撃されることで隊員二五〇〇人が死傷し、民間人も数百から一〇〇〇人以上が死傷するとされている。

「現在の犠牲」の増大にともない、日本では世論が動揺し、事態が長期化すれば継戦意志が低下することも考えられる。CSISのレポートでは、台湾有事の収束まで数か月、場合によっては数年かかり、この間に一時的な停戦が繰り返されるという可能性も指摘されている。[13] この間に尖閣諸島、与那国島、石垣島などが中国軍に占領されている場合、それらの奪還にはさらなる「現在の犠牲」を払う覚悟が必要になる。

ここでも朝鮮有事の場合と同様、アメリカ・日本・台湾側が「将来の危険」と「現在の犠牲」

のバランスに関する認識で一致し続けることができるか否かが問われることになる。このうち、台湾が先んじて戦線を離脱すれば前述の通りそれまでだが、朝鮮戦争における韓国、ベトナム戦争における南ベトナム同様、台湾が三者のなかでもっとも大きな「将来の危険」に直面するわけであるからその可能性は高くない。

懸念されるのは、台湾が継戦意志を示し続けているにもかかわらず、アメリカが「現在の犠牲」に耐えられず、「妥協的和平」の極、すなわち中国による台湾島制圧を受け入れるケースである。台湾に関して「アチソン・ライン」が復活してしまうということだ。またこの時に日本の領土の一部が中国軍に占領されている場合、自衛隊単独での奪還が難しいとすれば、その扱いについてアメリカと中国が主導することになる休戦交渉の主題に加えてもらうしかなくなる。中国側が日本領からの撤兵に合意するにしても、交渉カードとして利用される可能性もある。[14]

逆に日本が先んじて戦線を離脱すれば、アメリカ軍による台湾防衛作戦が成り立たなくなるおそれがある。ただ、アメリカ軍が日本の基地を使用し続ける限り、朝鮮有事の場合と同様、日本が単独講和する選択肢は事実上なくなるであろう。

台湾有事と集団的自衛権

台湾有事の出口をめぐる留意事項として、「一つの中国」原則と集団的自衛権との関係がある。この点について日本政府は明確な説明をしていないが、いくつかの材料にもとづいて推論することは可能であろう。

国際法上、集団的自衛権の行使には、守られる対象（要請元）が国家性を獲得していることが前提となる。[15]だがアメリカは、台湾が中国の一部だとする中国側の主張を「認識」するとしている。日本も、「理解し、尊重」するとの立場である。台湾が国家でないとすれば、台湾は集団的自衛権で守る対象にはならないことになる。

ただしこれも第1章で見た通り、日米両国ともに、台湾が中国の一部であるとする中国の主張を「承認」するとまでは言い切っていない。しかも日米側は台湾海峡問題の「平和的解決」を前提としており、中国が台湾を武力で併合することになってもそれは中国の内政問題である、という中国の主張までをも認めているわけではない。

とすれば、このことを単純に裏返すと、中国が台湾侵攻をおこなった場合、台湾が中国の一部だとする中国側の主張に対する日米両国の立場に、変化が生じる可能性があるといえるかもしれない。中国との国交正常化を担当した栗山尚一《たかかず》外務省条約課長の日中共同声明に関する注釈などから、台湾海峡問題の平和的解決という前提が崩れれば、日本が台湾を国家として承認する可能性は排除されないと示唆されているとの見解もある。[16]

なお日本政府は、集団的自衛権で守る対象となる国には「我が国が外交関係を有していない国も含まれ得る」としており（二〇一五年七月二一日の政府答弁書）、集団的自衛権を行使する前提として台湾と国交を樹立する必要まではないと考えられる。

ただし、台湾の「国家性」を認めるかたちで、日本、もしくは日米両国が、台湾を守る集団的自衛権の行使として台湾有事に介入すれば、中国との休戦のハードルが高まるという問題が生じるのではなかろうか。台湾防衛が成功した場合でも、中国は、台湾の「国家性」が認められたかたちのまま日米側との休戦には応じられないだろうからである。かといって日米側が台湾の「国家性」をいったん認めた事実を取り消すことも簡単ではない。

またその場合、休戦交渉における台湾の処遇が微妙になる。ちなみにベトナム戦争におけるパリ和平会談では、アメリカと北ベトナムに加え、南ベトナムと、北ベトナムが支援する南ベトナムに対する反政府組織「南ベトナム解放民族戦線」（NLF、俗称「ベトコン」）が参加したが、参加者の地位をめぐってやはり争いが起こっている（ここでは結局二者会談か四者会談か不明瞭な円形のテーブルが採用され、当事者の名札や旗は掲げられなかった）[17]。

それ以上に、「戦後」の中台関係や、東アジア秩序への影響も大きいだろう。

もう一つの可能性として、中国が台湾に侵攻した際、アメリカは台湾関係法によって「台湾への脅威に対抗する」べく行動するが、その際アメリカ軍が中国軍から被害を受けたことをもって個別的自衛権を行使する、と整理することが考えられる。そして日本は、その事態を重要影響事態と認定すればアメリカ軍に対する後方支援をおこない、さらに存立危機事態であるとの認定にまで進んだ場合には、アメリカを守る集団的自衛権を行使することになる。有事の出口まで想定した場合、こちらの方が台湾の「国家性」を認めるよりも休戦への影響は少ないだろう。ただしこの場合、日本による集団的自衛権行使はアメリカの軍事介入が前提となり、やや状況依存的な面があることも否めない。

なおいずれの場合も、この過程で日本に対する武力攻撃が発生すれば、武力攻撃事態であり、日本単独で個別的自衛権の行使が可能である。

以上の点に関連して、台湾有事の場合は、米韓同盟がすでに存在することが前提となる朝鮮有事とは異なり、戦後の台湾の安全保障の在り方が難しい論点となるであろう。侵攻による被害を受けた台湾は、朝鮮戦争における韓国やロシア・ウクライナ戦争でのウクライナと同様、戦争終結の前提として戦後の安全の保証をアメリカなどに強く求める可能性が高いが、中国側の反発は避けられず、休戦交渉が紛糾することが予想される。

3 日米同盟側劣勢のケース

選択肢は限られる

以上で日米同盟側優勢のケースを見たが、逆に日米同盟側が劣勢のケースも想定してみよう。その場合は残念ながら、日米同盟側がとりうる選択肢はきわめて限られたものになる。

まず、軍事的結果が圧倒的であったり、優勢勢力である交戦相手側が「紛争原因の根本的解決」の極に固執したりすれば、日米同盟側の打つ手は限定されることになる。イラク戦争では、有志連合軍はフセイン体制の打倒という「紛争原因の根本的解決」を求め、しかもそれを実現する力があったから、いったん戦端が開かれてしまえばフセイン体制側が有志連合側に「妥協的和平」を迫るのは不可能であった。

ただ、すべての戦争がイラク戦争型であるわけではない。たとえ日米同盟側が劣勢勢力であっても、イラク戦争時のフセイン体制とは異なり優勢勢力である交戦相手側に一定の抵抗をおこなうことができるのであれば、相手側から見た場合の「紛争原因の根本的解決と妥協的和平のジレンマ」の均衡点を、少しでも「妥協的和平」の極の側に移動させられる可能性がないわけではない。均衡点の移動は、交戦相手側の「現在の犠牲」増大だけでなく、交戦相手側が抱く日米同盟の「将来の危険」を低減させることによっても追求しうる。

しかし交戦相手側に対して日米同盟の「将来の危険」を低減させるということは、アメリカによる日本防衛コミットメントの低減や日米両国の防衛力の縮減、あるいは日米両国に対する内政干渉に当たるような条件までも受け入れるのを意味することになるかもしれない。最悪の場合は、日米同盟を破棄させられたり、戦後に交戦相手側の勢力圏に組み入れられるに近い条件を強いられたりすることも、もしかすると想定されよう。

かといって交戦相手側の「現在の犠牲」を増大させるには、自分たちがさらなる犠牲を払うことを覚悟しなければならない。

一方、日米両国のような先進民主主義国では、「損害受忍」（コスト・トレランス）の度合いが低いと考えられる。損害受忍とは、戦争においてどれだけ損害に耐えられるかということである。[18]損害受忍の度合いが高い、すなわち交戦相手よりもより大きな損害を受忍する覚悟がある側は、そうでない側よりも強い立場に立つことができる。ベトナム戦争においてアメリカは、軍事力では北ベトナムに優ったものの、損害受忍度をめぐる競争で、より受忍度が高い北ベトナムに敗れたのだった。[19]そうすると、自分たち自身が犠牲を払いつつ、交戦相手側に犠牲の増大を強いることによって戦争終結形態を相手側から見た「妥協的和平」の極に近づける戦略は、特に相手が権威主義国家であることなどを想定した場合には日米同盟側にとって不利だと考えられる。

また、日米同盟側劣勢のケースでは、交戦相手から単独講和の揺さぶりをよりかけられやすいと見ておいた方がよい。

価値と環境

最後に、劣勢勢力側の決断について過去の例を見てみよう。第二次世界大戦において、当初ナチス・ドイツに対し劣勢勢力であったイギリスは、アメリカ参戦の可能性に望みをかけることができ、また「ナチスが支配するヨーロッパ」という「将来の危険」から民主主義という価値を守るために「現在の犠牲」を受け入れた。[20] ベトナム戦争における北ベトナムも、優勢勢力であるアメリカ側に、中国やソ連との戦争へとエスカレートするのではないかと懸念させることに成功し、[21] かつ「民族の独立」という価値のために前述のように損害受忍度を高く保ったといえる。

逆に第二次世界大戦における日本は、ソ連仲介策を通じて環境を自分たちに有利なかたちに変化させようとしたものの失敗し、また守るべき価値についても、国体護持のようなあいまいな概念しか提起できなかった。

なお当時の日本や、あるいは両世界大戦におけるドイツは、交戦相手である連合国のあいだの仲たがいを期待したが、そうした離間策は成功していない。策というよりも、希望的観測にすぎなかったにすぎないといえる。

日米同盟側が劣勢勢力となった場合は、日米が守ろうとしている価値が犠牲に見合うものなのか、第三者の介入や同盟勢力の離脱といった交戦当事者を取り巻く環境を自分たちに有利なかたちに変化させることができる可能性があるのかを、希望的観測を排して冷静に考察する必要がある。そのうえで、「現在の犠牲」を払ってでも交戦相手に屈しないか、それとも「損切り」によって事態を収拾するのかを、決断しなければならない。

実際には、たとえば朝鮮有事で、日米同盟側が劣勢勢力になることはまず想定されないであろう。ただし、中国を相手とする場合、将来的には常に日米同盟側が優勢勢力であるとは限らないことには留意が必要である。

＊

本章での議論を踏まえると、実は有事の出口の姿に正解というものはないことが分かる。「将来の危険」の除去を重視すれば「現在の犠牲」を払わなければならないし、「現在の犠牲」を回避するのであれば「将来の危険」と共存しなければならない。

ただそのなかで、「現在の犠牲」をためらうあまり「将来の危険」を過小評価して安易な妥協をおこない、その結果、短期間で平和が崩れたり、逆に「将来の危険」を過大評価して不必要な「現在の犠牲」を生んだりするような戦争終結は失敗であるといえる。とすれば、何のために、どこまで犠牲を払うべきなのかを、国民レベルで議論していく必要がある。

太平洋戦争中の最高戦争指導会議（総理大臣、外務大臣、陸軍大臣、海軍大臣、参謀総長、軍令部総長で構成）は、縦割り組織の利益代表者たちの会合にすぎず、ついに戦争終結の意思決定機能を果たせなかった。戦争終結の意思決定は、天皇の聖断というきわめてアクロバティック（曲芸的）な方式によってなされた。そこで昭和天皇が果たした役割の歴史的重要性を否定するわけではないが、その半面、聖断方式による終戦は、天皇の判断なしに意思決定ができないという国家的危機におけるガバナンスの欠如を露呈したものだったのではなかっただろうか。

もし「次」があった場合、戦争終結という難しい決断を下すのは、民意を体現した政府の役割だ。その際、国際政治の現実よりも国内的なコンセンサス形成を重視してソ連仲介策をとったような失敗を繰り返すのではなく、ＮＳＣのような安全保障に関する内閣の統合調整組織が出口戦略をめぐる「司令塔」としての役割を果たすことが重要になる。

また、出口を見すえた日本側と同盟国や関係国・地域の認識を平素から共有していくことも求められるであろう。

ひるがえって、出口戦略について議論を深めること自体が、抑止力の強化への一助となるはずである。そのためにも、日米同盟の抑止が破れたあとのことまでは考えなくてよい、あるいは考えたくないという意味での日本的視点を、乗り越えていく必要がある。

第5章　拡大抑止

ワシントンのホワイトハウスで共同記者会見に臨む佐藤栄作首相（左）とジョンソン米大統領。1967 年 11 月 15 日（写真＝時事通信フォト）

ここまで本書では、日米同盟について、基地使用、部隊運用、事態対処、出口戦略の各分野から、第三者的視点に立った点検をおこなってきた。

だが、一国平和主義や必要最小限論にもとづく日本的視点と安全保障の現実とのギャップが、極限まで大きいといっていい分野がまだ残っている。それは核兵器による「拡大抑止」である。ギャップが極限まで大きいどころか、その差異に踏み込むことは、日米同盟最大のタブーであるとまでいえてしまうだろう。

第二次世界大戦末期の一九四五年八月に広島・長崎への核攻撃を受けた日本では、反核感情がきわめて強く、核廃絶を願う声が自然のうちに定着している。そして核を「つくらず、持たず、持ち込ませず」とする「非核三原則」が一九七一年一一月二四日に国会で決議され、国是といえるまでになっている。

たしかにこうした反核感情を踏まえると、予見しうる将来において日本が核武装するとは現実的には考えにくい。また反核感情を抜きにしても、本章でも説明するように、日本が核武装する合理性も乏しいと考えられる。したがって非核三原則のうち、日本自身が核を製造・保有しないとする「つくらず、持たず」はまず問題にならない。

ここで議論の土俵に乗るのは、「持ち込ませず」の原則である。

日本が非核政策を維持していることは、核保有国たる同盟国であるアメリカによる拡大（核）

抑止とセットになっている。「持ち込ませず」の原則が議論の対象になるのは、こうした日本側の原則と、アメリカによる日本への拡大抑止の提供が両立するとは、必ずしもはじめから決まっているわけではないからである。

核を持っている相手に対し核を撃てば、相手から核を撃ち返されるので、そもそもはじめから核を撃てない。そう相手に信じさせることによって、核を撃たせないようにする。これが核抑止という考え方である。冷戦時代からの二大核大国であるアメリカとソ連（ロシア）の関係では、たとえ相手から核攻撃を受けたとしても、自国の核戦力を残存させて相手に確実に報復できる能力をお互いに持っているので、どちらか一方による最初の核攻撃は、結局お互いを確実に破壊し尽くす結果になる。これを「相互確証破壊」という。相互確証破壊がなされた時は自国にも壊滅的な被害が生じるが、そうなると分かっていて核攻撃をしかけてくる愚か者はいない（と普通は考えられる）ので、最終的に相互確証破壊を担保しておくことによって、逆説的に核戦争ができない状態がつくられているのである。このように、合理的に考えて核戦争ができない状態のことを、「戦略的安定」という。戦略的安定を維持することが、核抑止の目的である。

核抑止にも色々なタイプがあるのだが、「誰を守るか」という点で見ると二つのタイプがある。一つは、核保有国が、自国を守るために核で相手を抑止することであり、これを「基本抑止」という。そしてもう一つ、核保有国が、自国を守るためだけではなく、同盟国を守るために核で抑止するのが拡大抑止である。核抑止で守る範囲を、自国から同盟国にまで拡大しているわけである。核保有国の同盟国は、自国が核を持たなくても、同盟国から拡大抑止を提供してもらえるのであれば、非核政策をとることができるだろう。

拡大抑止のことを「核の傘」ともいう。「核の傘」というと、イージス艦の弾道ミサイル対処能力やペトリオット（ＰＡＣ－３）などによる弾道ミサイル防衛システム、すなわち飛んできた核ミサイルをミサイル迎撃システムで撃ち落とすことがイメージされるかもしれないが、そうではない。日本に核を撃てば、日本から核を撃ち返されることはなくとも、アメリカに撃ち返されると相手は考えるので、日本は核を撃たれずにすむ。このような意味での「傘」である。

アメリカは日本への拡大抑止の提供を約束しているから、「日本はアメリカの『核の傘』に入っている」という言い方をする。アメリカによる日本への拡大抑止の提供は、日米安保条約にもとづくアメリカの日本防衛義務のなかでも最高レベルの保証となっているといえるだろう。

拡大抑止が日米同盟において占める重みにもかかわらず、日米間の核の位置づけについての戦略的な議論、すなわち日本への拡大抑止の質を高めるためにはどうすればよいかをめぐる議論は、戦後ほとんどなされてこなかった。日本への拡大抑止の質とは、日本に核攻撃をしかけると確実にアメリカから核の反撃にあい、しかけた側が許容不可能な被害をこうむるので、絶対に日本には核攻撃はできない、と相手に信じ込ませる程度を指す。

日米同盟における核の位置づけに関する戦略的な議論が不十分であったのは、単にサボってきたからではなく、そうした議論自体が忌避されてきたからである。代わって議論の中心となってきたのが、アメリカが、日本の「持ち込ませず」の原則に反して、日本に核を持ち込んでいないかどうかの検証であった。ある元外務省高官は、二〇〇八年におこなわれたインタビューでこう答えている。「核戦略について議論するとかではなくて、『日本にある米軍基地には核兵器はないな』と。そこだけが政治の焦点だった」。[1] だがこれは、日本と日本以外を線引きし、日本国内に核がなければよいとする、「核の一国平和主義」といえないだろうか。

特に、日米両政府間で、非核三原則に反するような核をめぐるいわゆる「密約」が交わされていたのではないか、との疑惑があり、このことに関心が集中してきた。一つは、一九六〇年安保改定時の「安保核密約」、もう一つは一九七二年の沖縄返還に関わる「沖縄核密約」と呼ばれるものである。そして、非核三原則と拡大抑止の「矛盾」が、核に関する「密約」を生んだ、という点が強調されてきた。

だが本書は、核をめぐる密約の問題はどちらかというと主題ではないととらえている。ここで第三者的視点に立つと、見えてくるのは、日本の非核三原則ではなく、アメリカの核戦略に照らしたときに、日本を含む極東に核弾頭を配備する意味があるかどうかが重要だということである。

なお、局地戦での使用が想定されるような低出力（威力が抑えられている）核のことを、従来は「戦術核」と称することが多かったが、本書では最近の傾向に鑑み引用でない限り「非戦略核」という呼称で統一する。戦略兵器削減条約（ＳＴＡＲＴ）などの国際条約で明確に定義されている「戦略核兵器」以外を指すという趣旨である。[2] 非戦略核に対し、アメリカとソ連（ロシア）にお互いに到達する、すなわち都市攻撃も含む全面核戦争で使用されるような大出力の核が「戦略核」である。

1　非核三原則と拡大抑止

国是となった非核三原則

非核三原則のもととなるような議論は、一九六〇年安保改定時から存在していた。たとえば一九六〇年四月一九日に当時の岸信介総理は国会で、「日本は核装備をしない、また、核兵器の持ち込みを認めない」と答弁している。

この答弁に続いて岸は、「今回それ〔アメリカによる日本への核の持ち込みを認めないこと〕を確保するために、従来の安保条約になかった事前協議の交換公文を作り」と述べている。第1章で見たように、岸政権期の安保改定で事前協議制度が新設された。この時、日米間で取り交わされた一九六〇年一月の「岸＝ハーター交換公文」は、アメリカ軍が日本の基地を使用するに際し、いくつかの場合に日本政府と事前に協議しなければならないと定めている。第1章で焦点を当てたのは、極東有事におけるアメリカ軍による日本の基地からの直接戦闘作戦行動についてであった。

そしてこれと並ぶ事前協議の主題として岸＝ハーター交換公文に明示されているのが、アメリカ軍の「装備における重要な変更」である。岸＝ハーター交換公文でいう装備における重要な変更とは、アメリカ軍による日本国内への「核の持ち込み」にほかならない。日米安保条約の枠組みのなかで、アメリカによる日本への核の持ち込みを制約することが、事前協議制度に寄せられた期待の一つであった。

「持ち込ませず」の方針は、沖縄返還交渉を通じてさらに強化される。第1章でも説明したように、沖縄返還交渉での最大の焦点は、「核抜き・本土並み」問題であった。一九五四年九月に第一次台湾海峡危機が発生した直後の同年一二月から、アメリカ軍は沖縄に非戦略核を配備するようになった。これらは中国をはじめ、極東ソ連や北朝鮮を射程に収めており、配備された核弾頭の数は沖縄返還前までに約一二〇〇発に達していた。返還交渉当時、アメリカが沖縄からの核の撤去に応じるかどうかは判然とせず、日本政府のスタンスが問われていた。

こうしたなかで、佐藤栄作総理は一九六七年一二月一一日の国会答弁、さらに一九六八年一月二七日の施政方針演説で、非核三原則を唱えた。そして同原則にもとづいて、アメリカ側に沖縄返還に際しての核の撤去（「核抜き」）を求める立場を明確にした。返還後の沖縄にも本土と同様に事前協議制度を適用すること（「本土並み」）とあわせて、沖縄返還交渉における日本政府の基本姿勢となる。

こうした日本側の要望に対し、交渉を通じてアメリカ側は基本的に応じ、一九六九年一一月の佐藤＝ニクソン日米首脳会談で沖縄の「核抜き・本土並み」返還が合意される。その後、国会で沖縄返還協定の国会審議が行き詰まると、佐藤政権は事態打開を図り、前述の通り一九七一年一一月二四日に非核三原則を国会決議に格上げした。沖縄返還協定は同日に衆議院で批准され、一九七二年五月に沖縄返還が実現する。

ただ、実は佐藤のもともとの考えは、「つくらず、持たず」の「二原則」であり、「持ち込ませず」は含まれていなかった。ここに「持ち込ませず」まで加えたのは、与党自民党や閣僚から「二原則だと中途半端」だとの指摘がなされたためであった。[3] 佐藤自身は一九六九年一〇月七日に外務省の牛場《うしば》信彦《のぶひこ》事務次官と東郷文彦《ふみひこ》北米局長に、「非核三原則の持ち込ませずは、誤りであったと反省している」と語っていた。[4]

拡大抑止の提供

いずれにせよ、こうして非核三原則が国是とされる一方で、日本はアメリカの「核の傘」に入ることも望んだ。そのことを主導したのは、実は非核三原則を国是にした佐藤だった。

佐藤が警戒したのは、東京オリンピック開催中の一九六四年一〇月一六日、中国が新疆《しんきょう》ウイグル自治区ロプノールの実験場で高濃縮ウランを使用した初の核実験に成功したことであった。この二か月後の一二月二九日（佐藤の総理就任は一一月九日）、佐藤はエドウィン・ライシャワー駐日米大使に、「もし相手が核を持っているなら、自分も持つのはただの常識だ」と語り、ライシャワーに衝撃を与えた。[5]

年が明けた一九六五年一月一二、一三日に佐藤＝ジョンソン日米首脳会談がおこなわれる。一三日に発表された日米共同声明のなかでアメリカは、日米安保条約にもとづく日本防衛義務を「遵守する決意であることを再確認」した。実は一二日の首脳会談でジョンソン大統領は、拡大抑止に言及し、「もし日本が防衛のために、アメリカの核抑止力を必要とするなら、アメリカはコミットメントを守り、その防衛力を提供する」と佐藤に約束していた。[6] ジョンソン政権が日本防衛義務を再確認するとともに、拡大抑止の提供を日本政府に内々に保証したのは、中国の核武装に刺激された日本が核保有に走ることがないようにするためであった。

日本がアメリカの「核の傘」に入っていることを日本政府が国会で公式に認めたのは、この佐藤＝ジョンソン会談の翌年の一九六六年二月一九日である。この時の椎名《しいな》悦三郎《えつさぶろう》外相答弁は、アメリカの核報復力が全面戦争の発生を抑止するきわめて大きな要素を成しているから、日本も「このような一般的な意味における核のかさのもとにあることを否定することはできない」というぼかしたような言い方であった。だがここには、前年の日米首脳会談におけるジョンソン発言というもっと明確な根拠があったのだ。

佐藤は、核拡散を恐れるアメリカの足元を見透かし、日本が核武装する可能性をほのめかして、アメリカから拡大抑止の提供の保証を得ようとした。このころ佐藤と同じような行動をとったのが、韓国の朴正煕大統領である。朴正煕も、韓国が核開発するかもしれないことを誇示して、アメリカに韓国の核保有を認めるか、韓国防衛に関与し続けるかを迫った。[7]

なおアメリカ側は台湾についても、核開発に踏み出すことを懸念していた。しかし外交史家の五十嵐隆幸《いがらしたかゆき》による最新の研究によれば、蔣介石総統の後を継いだ蔣経国《しょうけいこく》政権は一九七二年一二月までに、核の研究は継続するが実用化はしないとの結論を出していた。[8]

アメリカが日本への拡大抑止の提供を初めておおやけの場で保証したのは、一九七五年八月五、六日におこなわれた三木＝フォード日米首脳会談後の日米共同新聞発表である。このなかで、三木武夫総理とフォード大統領は、「米国の核抑止力」は、「日本の安全に対し重要な寄与を行うものであることを認識」した。そのうえでフォードは三木に対し、「核兵力であれ通常兵力であれ」、アメリカは日本防衛義務を引き続き果たすと確言した。

日本の安全保障政策文書における拡大抑止の位置づけ

日本側の安全保障政策文書で初めて核について言及したのは、一九七二年一〇月九日に策定された「第四次防衛力整備計画」（四次防）である。このころはまだ防衛大綱がつくられておらず、一九五七年六月一四日以降に四度にわたって策定される五か年防衛力整備計画（一次防のみ三か年計画）の時代であった。四次防はその最後のものである。

四次防は、「核の脅威に対しては、米国の核抑止力に依存するものとする」と述べた。四次防で用いられた表現は最初の防衛大綱である一九七六年大綱や、続く一九九五年大綱、二〇〇四年大綱でも踏襲される。

このうち二〇〇四年大綱は、弾道ミサイル防衛の分野での日本自身の取り組みについても言及した。次いで二〇一〇年大綱では、「核抑止力を中心とする米国の拡大抑止は不可欠であり、その信頼性の維持・強化のために米国と緊密に協力していく」との踏み込んだ表現に変更された。このことは、二〇一三年大綱、二〇一八年大綱でも引き継がれる。

二〇一三年に防衛大綱と同時に策定された二〇一三年国家安全保障戦略は、二〇一〇年大綱の考えを踏襲しつつ、「米国による拡大抑止の提供を含む日米同盟の抑止力」という表現を用いた。そして二〇二二年国家安全保障戦略では、「核を含むあらゆる能力によって裏打ちされた米国による拡大抑止の提供を含む日米同盟の抑止力と対処力を一層強化する」とされる。またこれと同時に策定された国家防衛戦略では、核の脅威に対しては「核抑止力を中心とする米国の拡大抑止が不可欠」であり、「防衛目標を達成するための我が国自身の努力と、米国の拡大抑止等が相《あい》まって、あらゆる事態から我が国を守り抜く」と記載された。「日米同盟の抑止力」という表現から、非核政策の下での日本の役割拡大が示唆されているといえよう。

またガイドライン策定以前、日米共同計画しかつくられていなかった時期には、核使用に関する言及はなかった。[9] 一九七八年ガイドラインが策定されたことにより、ここに「米国は、核抑止力を保持する」の文言が入ったが、弱い表現にとどまった。次の一九九七年ガイドラインでも、「米国は、その〔日本防衛の〕コミットメントを達成するため、核抑止力を保持する」となっていた。これに対し二〇一五年ガイドラインは、アメリカは「引き続き、その核戦力を含むあらゆる種類の能力を通じ、日本に対して拡大抑止を提供する」として、拡大抑止の提供の保証をはっきりと宣明した（表5－1）。

このように、日本はアメリカの核を「持ち込ませず」とすることを含む非核三原則を掲げながら、同時にアメリカによる拡大抑止の提供を受けてきた。だが、日本政府が説明してきた、あるいは日本世論が受け入れられる意味での「持ち込ませず」の原則と、拡大抑止が両立しない場合があった。

そのことが露呈したとして注目されてきたのが、いわゆる「密約」の問題であり、「安保核密約」と「沖縄核密約」の存在が指摘されてきた。ポイントは、アメリカ軍による日本への核の「持ち込み」は日本政府との事前協議の対象となるが、前者では核搭載米艦船の日本への一時寄港、後者では沖縄への核の再持ち込みについては、事前協議の対象外になるということである。

安全保障政策文書	拡　大　抑　止
四次防（1972年）	•「核の脅威に対しては、米国の核抑止力に依存するものとする」
1976年大綱	•四次防を踏襲
1978年ガイドライン	•「米国は、核抑止力を保持する」
1995年大綱	•四次防を踏襲
1997年ガイドライン	•「米国は、その〔日本防衛の〕コミットメントを達成するため、核抑止力を保持する」
2004年大綱	•四次防を踏襲 •弾道ミサイル防衛の分野での日本自身の取り組みについても言及
2010年大綱	•「核抑止力を中心とする米国の拡大抑止は不可欠であり、その信頼性の維持・強化のために米国と緊密に協力していく」
2013年国家安全保障戦略	•2010年大綱を踏襲 •「米国による拡大抑止の提供を含む日米同盟の抑止力」
2013年大綱	•2010年大綱を踏襲
2015年ガイドライン	•アメリカは「引き続き、その核戦力を含むあらゆる種類の能力を通じ、日本に対して拡大抑止を提供する」
2018年大綱	•2010年大綱を踏襲
2022年国家安全保障戦略	•「核を含むあらゆる能力によって裏打ちされた米国による拡大抑止の提供を含む日米同盟の抑止力と対処力を一層強化する」
2022年国家防衛戦略	•核の脅威に対しては「核抑止力を中心とする米国の拡大抑止が不可欠」であり、「防衛目標を達成するための我が国自身の努力と、米国の拡大抑止等が相まって、あらゆる事態から我が国を守り抜く」

【表5-1】安全保障政策文書における拡大抑止の位置づけの変遷
出典：筆者作成

2　安保改定と「核密約」

核搭載米艦船の一時寄港

アメリカ軍は、日米安保条約にもとづき、日本の基地を使用することができる。そして当然のことながら、それにともなう必要な装備品（兵器）を、日本の基地に持ち込んでいる。だが、そのようなアメリカ軍といえども、日本国内に自由に持ち込めない兵器がある。それが核だ。

前述の通り、アメリカ軍による日本への核の持ち込みは一九六〇年の岸＝ハーター交換公文でいうアメリカ軍の「装備における重要な変更」にあたり、日本政府との事前協議の対象になる。アメリカは、地上配備あるいは陸揚げという意味では、日本に勝手に核を持ち込めない。

ここで問題となるのは、「アメリカ海軍の艦船が核を搭載していた場合、このような艦船が日本の港湾に一時的に寄港するときに事前協議が必要になるかどうか」である。

日本は、根強い反核感情から、核搭載米艦船による日本への自由な寄港は、たとえしばらくすると出て行くような一時的なものであっても、認めないとしてきた。一時寄港の場合も、岸＝ハーター交換公文でいう装備における重要な変更、つまり核の「持ち込み」に該当し、事前協議の対象になるということである。このことは、寄港・通過中の核使用の有無にかかわらない。そしてアメリカ側は過去に一度も一時寄港についての事前協議を日本政府に申し出てきたことはなかったので、核搭載米艦船が日本に寄港したことはない、との説明が日本政府によってなされてきた。

しかし、アメリカはそうは考えていなかった。

日本の港は、たとえ日本の領域内にあっても、港である以上は世界の海とつながっており、日常的に外国の船が出入りするところだ。船は海を通って、国をまたぎ港から港を渡る。特に世界最大の海軍であるアメリカ海軍の艦船の行動範囲はきわめて広い。そしてそのなかには、核搭載艦船も含まれる。

このような核搭載艦船が、日本の港に立ち寄る時にだけ特別に、途中のどこかで核を降ろし、出て行ったあとにまたどこかで核を積みなおす、ということは、常識的に考えられない。しかもこの船は、出入りするだけであって、日本に核を陸揚げするわけでもないのに、である。このことは一九七四年九月一〇日になされたアメリカ海軍のジーン・ラロック退役提督の証言などからも分かる。

では核を搭載したまま寄港し、そのたびに日本側と事前協議をするかといえば、それも難しい。アメリカは、核の所在を明らかにしない「肯定も否定もしない」(NCND: neither confirm nor deny) 政策をとっている。というのも、NCND政策によってアメリカはソ連に対し、アメリカ海軍が保有する約六〇〇隻もの艦船すべてに核が積まれているかもしれない、という前提で作戦計画を立てなければならなくなる負荷を課すことができるからである[10]。

ただ、アメリカがNCND政策をとることと、日本が核搭載米艦船による自国への自由な一時寄港を認めず、事前協議の対象とすることとは矛盾する。というのも、事前協議の有無によって、当該艦船の核搭載の有無も分かってしまうからである。

ＮＣＮＤ政策と矛盾するので事前協議ができない、ということであれば、日本は核搭載米艦船については その疑いのあるものも含めて寄港をすべて拒否する、ということが考えられる。だがその場合には、日米同盟そのものが成り立たなくなってしまう。実際にアメリカとのあいだでＡＮＺＵＳ同盟を結んでいるニュージーランドは、一九八五年一月三一日以降、核武装もしくは原子力推進の米艦船の自国への寄港を拒否しているため、同国とアメリカの同盟関係は停止状態に陥った。

つまり、日本は事前協議の対象となる核の「持ち込み」が意味するところに、陸揚げと一時寄港の両方が含まれると考えてきた。一方アメリカは、陸揚げだけが「持ち込み」だと認識してきた。一時寄港は「持ち込み」ではない。いうなれば「立ち寄り」である。実際に、これまで何度もアメリカの核搭載艦船が日本に寄港したとみられている。もちろん事前協議はおこなわれていない。

「安保核密約」の実情

これだけ聞くと、「ハハーン、核搭載米艦船の一時寄港は事前協議の対象外とすることに同意した、日米間の密約があるのだな」と思われる読者もおられよう。だがそういうことではない。結論から言うと、そのような意味での「安保核密約」はなかった。より正確に言えば、「密約」があったと見るかどうかは、多分にこの問題への観察者の評価次第というところがある。

どういうことかというと、安保改定当時、日本側もアメリカ側も、核の「持ち込み」の定義について双方に解釈のズレがあることにうすうす感づいていながら、あえてはっきりさせなかったのである。その結果、一時寄港が事前協議の対象になるかならないかについての日米間の解釈のズレが、放置されることになった。

国家間のこれほど重大な問題を交渉中に解決せず、放置したというのは、にわかに信じがたいことのように思われるかもしれない。だが考えていただきたい。あなたが自社で数十年に一度の大取引の担当者だったとする。大きな懸案事項がいくつもあり、実際に何度も失敗してきた難しい取引である。それが、たまたまリーダーシップのある人が社長であったり、相手方の担当者も有能かつこちらの事情に理解のある人だったりした偶然にも助けられつつ、数年がかりで、数々の苦労を重ね、様々な工夫をこらし、取引成立の一歩手前までようやくたどり着いた。ここでしくじれば、次にいつチャンスがめぐってくるか分からない。その時、数ある懸案の一つの、その枝葉の、そのまた枝葉の問題が一つだけ今は解決できそうにないからといって、この取引そのものをご破算にするだろうか。

一九六〇年安保改定の目的は、一九五一年に結ばれた旧安保条約が日米間の対等性を欠く状態であるのを解消することにあった。旧条約では、日本がアメリカに基地提供義務を負うのに対し、アメリカの日本防衛義務は明記されていなかった。また、極東有事における直接戦闘作戦行動などを含め、アメリカ軍による日本の基地の使用に対して日本が発言権を得る仕組みがなかった。そこで安保改定を通じ、アメリカの日本防衛義務の明確化と、事前協議制度の導入がおこなわれた。これ以外にも改正点はいくつもある。

アメリカによる日本防衛義務の明確化だけでも、大変な難産であった。事前協議制度の導入もしかりである。さらに事前協議制度の中身を詰める交渉を通じて、アメリカ軍が日本へ核を（陸揚げの意味で）持ち込むのを協議の対象とすることにも合意できた。

安保改定交渉の日本側の主担当者だった外務省の東郷文彦アメリカ局安全保障課長、そして藤崎万里条約局参事官は、新日米安保条約の調印間際の段階で、核搭載米艦船の一時寄港の問題に気づいたようである。[11] しかし東郷たちからの問題提起を受けた高橋通敏《みちとし》条約局長は、「こんな大きな条約をやったという満足感。もうこれで終った終った……、もうハリツケになってもいい……」との気分にひたっていた。[12] そして部内の会議で東郷たちにこう言った。「条約は99％出来ていたことだし今さら元へ戻せない、もういいじゃないか」。

たしかにこの問題を詰めるとなると、一時寄港であっても事前協議の対象にすることを求める日本の野党や世論への配慮と、アメリカのＮＣＮＤ政策などとのギャップから、日米間で合意できず、安保改定自体が頓挫しかねなかったであろう。それだけは日米両政府とも避けたかったことだった。

先に、核搭載米艦船の一時寄港の問題について「国家間のこれほど重大な問題」と書いた。だがそうした言い方は、歴史の後知恵かもしれない。今を生きる私たちは、日米安保条約でアメリカの日本防衛義務が明確化されていることや事前協議制度の存在を当然だと思っている。だが安保改定交渉当時の関係者たちにとってはそうではない。核搭載米艦船の一時寄港が事前協議の対象になるかどうかなど、成し遂げたことに比べれば些末な問題である、あるいは少なくとも今解決できなかったからといって交渉そのものをご破算にするに値するような問題ではないとの気持ちが、心のどこかに存在したのではなかったか。

解釈のズレが明確に

一方、日本の国会では、核搭載米艦船の一時寄港も事前協議の対象になるのかどうか、野党から厳しく追及される。政府側は、はじめはあいまいな答弁で対応したが、省庁間の情報共有が不十分であったり、内閣が交代（岸政権から池田勇人政権）したりして、核搭載米艦船の一時寄港も「事前協議の対象になる」と国会ではっきり言ってしまうようになる。

たとえば一九六〇年四月一九日に赤城宗徳《あかぎむねのり》防衛庁長官が国会で、一時寄港も事前協議の対象になると答弁しているが、外務省は事前に防衛庁に実情を説明していなかった。[13] また池田政権期の一九六三年一月にアメリカが攻撃型原子力潜水艦「ノーチラス」の日本寄港を日本側に申し入れ（事前協議ではない）、これに対し野党が反発すると、同年三月六日の国会で池田総理は、核搭載潜水艦は「日本に寄港を認めない」と答弁した。

そうするとアメリカ側は反応する。アメリカは、一時寄港は「持ち込み」ではないと認識している。日本側が事前協議の対象になるとはっきり言うのなら、アメリカ側も事前協議の対象にならないとはっきり言わなければならなくなる。そこで四月三日（アメリカ側史料によれば四日）、ライシャワー大使が大平正芳《おおひらまさよし》外相を朝食に招き、この席でアメリカ側の解釈、つまり一時寄港は事前協議の対象ではないことをはっきり伝えた。[14] 会談後にライシャワーは、大平がアメリカ側の言い分を理解したと本国に報告している。[15] ただこの時、大平がアメリカ側の解釈に同意したとまではいえなかった。

結局、一九六八年一月二六日に牛場外務事務次官や安保改定当時の安保課長だった東郷北米局長が、ライシャワーの後任のアレクシス・ジョンソン駐日米大使と話し合い、日米間の解釈のズレが明確になった。だからといって、アメリカは核搭載艦船の日本への一時寄港を事前協議の対象にはしないし、日本側も今さら事前協議の対象になるという国内向けの説明を変えるわけにはいかなかった。

そこで牛場・東郷＝ジョンソン会談の翌二七日、東郷は極秘に、「装備の重要な変更に関する事前協議の件」と題したメモを作成した。[16] いわゆる「東郷メモ」である。メモのなかで東郷は、「本件は日米双方にとり、それぞれ政治的軍事的に動きのつかない問題であり、さればこそ米側も我方も深追いせず、今日に至ったもの」と総括した。そのうえで、日本国内の反核感情の強さなどを考慮すれば、さしあたり「現在の立場を続けるの他なし」との結論を示したのだった。つまり、実態とは異なるにもかかわらず、一時寄港は事前協議の対象であるとの国内向けの説明を続けるしかない、ということである。

ただ、東郷はたとえば一九六〇年の赤城答弁や一九六三年の池田答弁などで日本政府があいまいでない説明をするようになった時点で、これはマズイと思わなかったのか、という疑問は残る。外務大臣の答弁ではないので、所管外と考えたのかもしれない。

いずれにせよ、これ以降も日本政府は、事実と異なると知りながら、一時寄港も事前協議の対象であるとの説明を続けることになる。その一方で、実は外務省は歴代の総理と外務大臣に極秘裏に東郷メモを見せ、実態についての説明をおこなっていた。

二〇一〇年三月九日、民主党政権下で日米「密約」問題調査のために外務省が設置した「いわゆる『密約』問題に関する有識者委員会」（「『密約』問題有識者委員会」）が報告書を提出した。同委員会は、座長の北岡伸一のほか、河野《こうの》康子、坂元一哉、佐々木卓也、波多野澄雄《すみお》、春名《はるな》幹男《みきお》の六名の専門家で構成された。委員会の報告書で一時寄港問題を扱った章は、「安保核密約」といわれるものの実情を「暗黙の合意」と表現している。[17]

安保改定時に日米間で核の「持ち込み」の定義を細部まで詰めず、それにもかかわらず日本政府は一時寄港も事前協議の対象になるとはっきりと説明し、のちに日米間の解釈にズレがあることが明確になってからもそのことを公表せず同じ説明を続けた、というのがこの問題のおおまかな全体像である。つまり、日米両政府間で核搭載米艦船の日本への一時寄港を事前協議の対象外とする明確な約束が文書のかたちで秘密裏にまとめられた、というわけではなかった。この点は朝鮮密約と大きく異なる。

「討議の記録」の性格

ここで事情に詳しい方は、「討議の記録」という文書が密約文書なのではないのか、と疑問に思われるかもしれないので、そのことについて説明しておきたい。「討議の記録」とは、安保改定時に日米両政府間で作成された非公開の文書である。このなかの二項Cの箇所に、こう記載されている。事前協議は、アメリカ軍とその装備の日本への配置、米軍機の飛来、米海軍艦船の日本の領海進入・港湾入港に関する「現行の手続きに影響を与えるとは解されない」。

それまでの旧日米安保条約の下では、米艦船は核搭載の有無を明らかにしなくとも日本の港に入港可能であった。もし「討議の記録」二項Cの言う「現行の手続き」がこのことを指すのなら、核搭載米艦船の日本への一時寄港は事前協議の対象外だ、といえなくもない。そこでこの「討議の記録」二項Cが、「安保核密約」の本体だともいわれてきた。

だが「討議の記録」二項Cは、日米両政府間の密約について記載した文書という性格のものであるとはいえない。というのも、安保改定時に「討議の記録」二項Cについてアメリカ側が言う解釈をとることで日米両政府間で合意がなされたわけではなかったからである。そうすると二項Cとは、アメリカ側が、一時寄港は事前協議の対象外であるという自分たちの主張の根拠だとみなしている条項にすぎないということになる。

実際に一九六八年の東郷メモは二項Cの意味について、米艦船の寄港や米軍機の飛来には従来通り入港料や着陸料が課されないことを指すものだと理解していて、牛場・東郷＝ジョンソン会談までは「『一時的立寄り』に関するものとは思っていなかったのが実情である」と説明している。日本側は、大平＝ライシャワー会談などの場でアメリカ側が一時寄港は事前協議の対象外だと主張している根拠がよく分かっていなかったが、それが「討議の記録」二項Cであることを、牛場・東郷＝ジョンソン会談で初めて知ったのだった。

もっとも、安保改定交渉当時に、アメリカ側の交渉窓口であったダグラス・マッカーサー二世駐日米大使が、一時寄港に関するアメリカ側の解釈を岸総理と藤山愛一郎外相に明言した、と大使自身がのちに証言している[18]。これが事実であり、かつこのことを最大限重視するならば、まったく密約性がなかったとまではいえないのかもしれない[19]。だがそれは結局、合意文書がないなかで、双方のあいだのやりとりが、どういう要件を満たせば「密約」として成立したといえるのかをめぐる観察者の評価次第ということになるだろう。

一時寄港問題が問うもの

冷戦終結後の一九九一年九月二七日、ブッシュ（父）大統領は、アメリカ軍の地上配備の非戦略核を全廃し、非戦略核の艦船・航空機への搭載を中止すると発表した。したがってそれ以降、核を搭載した米艦船が日本に寄港することはなくなった。現在もオハイオ級戦略原潜（SSBN）は日本に寄港しないかたちで運用されている[20]。一時寄港問題は、過去のものとなったといえる。

ただ、一時寄港問題をめぐる日米間の食いちがいそのものが解消されたわけではない。将来アメリカが政策を変更し、もし日本に寄港するような攻撃型原潜にも非戦略核を積むようになった場合はどうするのか。

たとえばトランプ政権は、海洋発射型巡航ミサイル（SLCM－N）の艦船への配備を検討していた。SLCM－Nは海洋発射型なので、地上配備型とちがって脆弱性は低い。つまり発射より先に敵の攻撃を受けてしまい使いものにならなくなる、といったことが起こりにくい。また、低出力のため、使用のハードルを下げることができる。大出力核を使用するのはハードルが高く、その選択肢しかない場合と比べて、という意味である。これらのことから、ＳＬＣＭ－Ｎの配備により抑止力が高まるとの考え方がある。ＳＬＣＭ－Ｎを搭載した攻撃型原潜が日本に寄港するかは運用次第のところがある。また、有事における核搭載米航空機の日本への一時飛来の可能性も指摘されている。[21]

二〇一〇年三月一七日、日米「密約」問題調査を主導した民主党政権の岡田克也外相は、国会で次のように答弁した。「緊急事態ということが発生して、しかし、核の一時的寄港ということを認めないと日本の安全が守れないというような事態がもし発生したとすれば、それはそのときの政権が政権の命運をかけて決断をし、国民の皆さんに説明する」。この岡田答弁の趣旨は、その後の自民党政権にも引き継がれている。

さて、ここまで見たように、核搭載米艦船の事前協議なしでの日本への一時寄港を当然と考えるアメリカと、それを認めない日本側の特に野党や世論のあいだでの厳しい緊張関係があり、日本政府は板挟みとなった。そしてそのような板挟みのなかで語られたのは、一時寄港も事前協議の対象になり、アメリカ側が事前協議を申し出てこない以上、核搭載米艦船が日本に寄港したことはない、というフィクションであった。実際、このような説明に納得した人は多くはなかった。

だが、日本国内でも疑念を生じさせたようなフィクションを、ソ連などの東側が鵜呑みにしたはずがない。実際に一九八五年三月一四日に中曽根康弘総理と会談したソ連のゴルバチョフ書記長は、「米国の艦船が核を積んで日本に寄港している」と非難した。[22] なおこの席でゴルバチョフは、「沖縄に核兵器がある」とも発言している。皮肉なことに、日本の野党のみならず研究者やジャーナリストなどからの追及により、一時寄港問題のフィクション性が高まるほど、結果的に東側に対する抑止力も高まったという側面もあったといえよう。

いずれにせよ、「安保核密約」問題と呼ばれるものは、非核三原則と拡大抑止の矛盾の露呈といったような、仰々しいものではなかっただろう。むしろここで問われているのは、核保有国とのあいだで海洋を基盤とする同盟関係を持ち、拡大抑止の恩恵を享受しながら、港という世界に開かれている場所に同盟国の核搭載艦船が一時寄港することまでをも「持ち込み」に含め、これを拒絶しようとしてきた日本人の態度そのものの妥当性であったように思われるのである。

3　沖縄返還と核密約

沖縄「核抜き」返還

核密約といわれるものに関するもう一つの事例が、「沖縄核密約」である。前述の通り、返還前の沖縄にはアメリカの非戦略核が配備されていた。これに対し日本側は、「持ち込ませず」の原則を含む非核三原則を明確にし、返還交渉を通じて沖縄の「核抜き」を求めていた。交渉の結果、アメリカは日本側の要望に基本的に応じるかたちで、一九六九年一一月の「佐藤＝ニクソン共同声明」で沖縄の「核抜き・本土並み」返還が合意される。

ただアメリカは佐藤＝ニクソン会談からさかのぼること半年前の一九六九年五月二八日に国家

安全保障会議（NSC）で文書をとりまとめ、一定の条件下で沖縄から核を撤去することをすでに決めていた。[23]それでもニクソン政権は、交渉の最終段階まで日本側にそうした自分たちの手の内を明かさなかった。核を取引材料として、当時アメリカ市場を席捲していた日本の繊維製品の輸出規制を日本から勝ちとるためである（結局、沖縄返還合意ののちに繊維問題は暗礁に乗り上げることになるが、本書では扱わない）。

いずれにせよ、佐藤＝ニクソン共同声明を受けた一九七二年五月の沖縄返還を境に、沖縄から核が撤去され、かつ沖縄の基地にも本土と同じく事前協議制度が適用されることとなる。

このうち、「核抜き」の合意について記載したのが、同共同声明第八項である。同項は次のように述べている。まず日本の総理（佐藤）が、「核兵器に対する日本国民の特殊な感情およびこれを背景とする日本政府の政策について詳細に説明」した。これに対し、アメリカ大統領（ニクソン）は、「深い理解」を示した。そして大統領は、「日米安保条約の事前協議制度に関する米国政府の立場を害することなく、沖縄の返還を、右の日本政府の政策に背馳《はいち》しないよう実施する旨」を総理に確約した。

第八項で書かれていることをかみ砕いてみよう。ここでは佐藤が、日本は被爆国として核に対して特殊な感情を有していること、およびこのことを背景とした日本政府の政策、つまり非核三原則について詳細に説明したのに対し、ニクソンが深い理解を示したとする。そしてそのような非核三原則に「背馳しないよう」、沖縄返還を実施するとしている。「背馳」とはあまり使い慣れない日本語だが、行きちがうこと、反対になること、という意味で、共同声明の英文ではこの部分は"in a manner consistent with"となっている。直訳すれば「合致する方法で」という意味になる。

アメリカは、「持ち込ませず」の原則を含む日本の非核三原則に反しないように沖縄を返還する、ということだから、この文言によって「核抜き」返還が約束されたということになる。

ただし、第八項のなかには、日本側だけでなく、アメリカ側の言い分も含まれている。それが非核三原則に背馳しないという文章の前段にある、「日米安保条約の事前協議制度に関する米国政府の立場を害することなく」との記述である。日米安保条約の事前協議制度に関するアメリカ政府の立場とは、この文脈に即して言うと、返還に際し沖縄から核は撤去されるものの、仮に将来アメリカが沖縄に再び核を持ち込む必要が出てきたような場合、アメリカ政府は日本政府に対して事前協議を申し出ることができる、ということだ。ここで言う「持ち込み」は、日本とのあいだで「持ち込み」か「立ち寄り」か定義が詰まっていなかった核搭載米艦船の一時寄港のことではない。陸揚げという、議論の余地のない「持ち込み」そのもののことを指す。

英文の共同声明の該当箇所には、"without prejudice to"との表現が用いられている。英文の契約書などでは、「権利を害しない」という意味で用いられる表現である。要するにここでアメリカは、日本の非核三原則に反しないようにするからといって、また核の再持ち込みの場合には事前協議にかけなければならないからといって、事前協議をパスすれば再持ち込みできるという、日米安保条約に付随して認められた権利まで放棄したわけではない、と言っているわけである。

ではアメリカ側からの申し出により、沖縄への核の再持ち込みに関する事前協議がおこなわれた場合、日本側はどう対応するのか。それについて共同声明第八項は沈黙している。つまりその時の日本政府の返答は、諾かもしれないし、否かもしれない、ということである。

佐藤＝ニクソン共同声明第八項は、日本の外務省が技巧を凝らして原案をつくり上げ、アメリカとの合意にまで持っていった苦心の条文である。これが沖縄からの核の撤去に関する基本方針として公表された日米間の正式合意のすべてだ。

秘密の「合意議事録」

だが、実は核の問題をめぐっては、佐藤＝ニクソン共同声明第八項とは別に、佐藤とニクソンのあいだで署名された非公表の合意文書が存在していた。

佐藤は沖縄返還交渉にあたり、外務省を通じた公式の外交ルートとは別に、外務省にも事実を伏せて、アメリカ政府への密使を立てていた。「核抜き」返還の実現は容易ではないと考えられたからである。そこで密使に選ばれたのが、国際政治学者の若泉敬《わかいずみけい》・京都産業大学教授であった。

若泉は極秘裏にヘンリー・キッシンジャー米国家安全保障問題担当大統領補佐官と会談を重ねる。そしてある合意に達し、そのことを文書にまとめた。その文書が「合意議事録」といわれるものである。

沖縄返還交渉の公式上のハイライトは、ホワイトハウスでの佐藤とニクソンの共同声明案への合意である。だが物語はそこでは終わらない。佐藤と握手をしたニクソンは、カリフォルニア州サンクレメンテにある自宅の写真を佐藤に見せるとして、二人はメディアの前からニクソンの個人執務室の奥へと消えていった。そして事前に若泉とキッシンジャーが打ち合わせていた通り、小部屋のなかで両首脳は合意議事録にサインした。佐藤は部屋から出たあと、アメリカ側の係官から封筒に入った合意議事録の文書を渡され、さりげなくポケットにしまった。[24]

沖縄返還をめぐって、公式の共同声明以外に秘密の合意議事録が存在することについては、佐藤の死後約二〇年経った一九九四年、若泉自身が自著『他策ナカリシヲ信ゼムト欲ス』のなかで公表した。若泉による公表ののちも、日本政府は合意議事録の存在を否定し続けてきたが、日米「密約」問題の調査中の二〇〇九年、佐藤家に保管されていた事実が判明し、その実在が明らかになった。

合意議事録には、次のような記載がなされている。アメリカ政府は、きわめて重大な緊急事態が生じた際に、日本政府との事前協議を経て、核を沖縄に再び持ち込んだり、通過させたりする権利を必要とするだろう。アメリカ政府はその場合に、日本政府からの「好意的な回答」を期待する。これに対し、日本政府は、緊急事態の際のアメリカ政府の諸要件を理解して、そうした事前協議がおこなわれた場合には「遅滞なくそれらの要件を満たすであろう」。

ここでの「要件」とは、沖縄への核の再持ち込みのために、アメリカ政府が日本政府から事前協議でイエスの回答を得る必要がある、ということである。その場合、合意議事録によれば、日本政府は遅滞なく要件を満たす。すなわち、ただちにイエスの回答を与える。

この秘密の合意議事録に書かれてある内容と、公表された佐藤＝ニクソン共同声明第八項を読み比べてみよう。共同声明では、もしアメリカが沖縄に核を再び持ち込みたいと考える場合は、日本政府との事前協議をおこなうことになっているが、その時、日本政府がイエスと言うかノーと言うかは状況次第である。これに対し合意議事録は、有事の際にアメリカによる沖縄への核の再持ち込みに関する事前協議がおこなわれた場合に、日本はイエスと言うと、あらかじめ約束している。

だとすれば、アメリカは有事には事実上自由に核を沖縄に再持ち込みできる。「核抜き」返還合意は、この非公表の約束を前提になされたことになる。

沖縄核密約をめぐる論点

ここでの論点は主に二つあると考えられてきた。一つは非公表の合意議事録の内容が、共同声明第八項に照らしてどこまで意味を持つのかという点である。「密約」問題有識者委員会報告書で、沖縄核密約問題を取り上げた章では、合意議事録は「必ずしも密約とは言えない」と結論づけられている。[25] 合意議事録の内容は、日本側として公表された佐藤＝ニクソン共同声明第八項の内容を大きく超える負担を日本側として約束したものとはいえないとの立場である。

若泉が合意議事録の存在を公表して以来、沖縄返還をめぐって密使ルートの交渉の実態に関心が寄せられることになる。ただ外交ルートの交渉と、それが共同声明第八項に結実したことが重要であったこともたしかで、「密約」問題有識者委員会報告書はこの点について注意を喚起してくれるものである。

他方で、合意議事録にある「遅滞なくそれらの要件を満たす」との表現は、佐藤＝ニクソン共同声明にはなく、同共同声明第八項で結んだ「日米安保条約の事前協議制度に関する米国政府の立場を害することなく」という約束から一歩前に出たものと考えざるをえないだろう。共同声明第八項だけで、有事の際にアメリカが沖縄に核を再び持ち込むことを日本は事前協議で拒否しないとまで読めるかどうかは意見が分かれるし、少なくとも日本政府はそのような説明はしてこなかった。

また仮に共同声明第八項で「遅滞なくそれらの要件を満たす」ということまで読み込めるとした場合でも、アメリカ軍の装備に関する重要な変更を議題とする事前協議でイエスと答えるとあらかじめ約束することは、岸＝ハーター交換公文の内容変更にあたると考えられる。[26] 同交換公文は新日米安保条約と一体のものとして国会承認を得ているので、その内容変更をおこなう場合は国会にかける必要があった可能性が高い。[27] 実際にはそうした説明や手続きもおこなわれてこなかった。朝鮮密約の場合と同様、岸＝ハーター交換公文の内容変更に公表文書で踏み込むことは難しいだろう。

これらを考慮すると、合意議事録は共同声明第八項を上回る内容の約束である可能性があると見ることができよう。また、核搭載米艦船の一時寄港の問題とは異なり、合意議事録という明白な合意文書が存在する。したがって佐藤が、有事における沖縄への核再持ち込みに関する事前協議に際し「遅滞なく要件を満たす」とニクソンに約束したことは、「密約」と評価せざるをえないと考えられる。

もう一つの論点は、合意議事録という文書そのものにどこまで効力を認めるかについてである。この点については、外交史家の中島琢磨《なかしまたくま》がもっとも説得的な立論をしているので本書でも踏襲したい。[28]

たしかに、国会はおろか、閣議も通さず（日本の行政権は総理大臣ではなく内閣に属する）、外交事務の責任官庁たる外務省のあずかり知らない約束に、公的な国家間合意としてまったく瑕疵《かし》がないわけではなかろう。だがその一方で、合意議事録に国家を正式に代表できる立場にある佐藤とニクソンの署名があることは見逃せない。アメリカ側から見れば、国会や閣議を通していないとか外務省も知らなかったとかいう問題は、あくまで日本側の事情にすぎず、日本国を正式に代表できる総理大臣本人が署名している以上、日本が国としておこなった約束、ということになるだろう。そのため、少なくとも佐藤の総理在任期間中は、合意議事録には効力があったとみなさざるをえないのではないだろうか。

ただ佐藤は、ニクソンとの会談後に合意議事録を私物のようにして持ち帰り、総理官邸や外務省に正式に保管するのではなく、最終的には自宅の机の引き出しのなかにしまい込み、次代の総理（田中角栄）にも引き継がなかった。佐藤が退陣した一九七二年六月一七日以降も合意議事録に効力があるかと問われれば、不明としか言いようがない。だがこれについてもアメリカ側は日本側に対し、佐藤の後継内閣の下でも効力があると主張できないわけではないであろう。なおアメリカ側は、合意議事録を政府として保管しているとみられる。

以上の二つの論点から、さらに踏み込んだ議論も続いている。たとえば、密約を根拠とした沖縄への核の再持ち込みが日米間の信頼関係に打撃を与えることを踏まえたうえで、それでも合意議事録に効力があるといえるのか[29]。あるいは、もし合意議事録がなければ、沖縄返還合意は達成されなかったのか[30]。これらは沖縄返還を日米二国間外交のなかに位置づける見方に立った場合の重要な論点である。

一方、沖縄核密約を、韓国や台湾との関係といったように、極東地域全体のなかに位置づけてとらえることも可能であろう。韓国と台湾が日米沖縄返還交渉の帰趨に強い関心と懸念を寄せていたことは、特に極東有事における在日米軍の直接戦闘作戦行動を取り上げた第1章で見た通りである。

核についても、佐藤＝ニクソン会談当日の二一日、マーシャル・グリーン米国務次官補が韓国の金東祚《キム・ドンジョ》駐米大使に、日本が沖縄返還後も有事における核の再持ち込みを認める可能性があることを伝えた[31]。また二四日、金山政英駐韓大使が朴正熙大統領に、有事における沖縄への核の再持ち込みの可能性をほのめかした[32]。合意議事録には「日米が韓国に信頼感をあたえ、日韓、韓米の関係を離間させない」という意味があったとの指摘もある[33]。このことは、台湾についても同じように当てはまるであろう。

本書では、これらの見方に加えて、次のことを指摘したい。すなわち、この沖縄核密約自体が、一時寄港問題とはちがい密約といえたとしても、アメリカの核戦略にもとづく拡大抑止の全体像のなかで、どのように位置づけられるものだったのか、という点だ。

4　日米同盟と核兵器

アメリカの核戦略の変化

いわゆる「安保核密約」と呼ばれる問題は、非核三原則と拡大抑止の矛盾の露呈といったような仰々しいものではないと先に書いた。一方、沖縄核密約は、核の陸揚げという「持ち込み」そのものに関する密約であるから、その範囲では非核三原則と拡大抑止の矛盾が顕在化したものと言ってさしつかえないであろう。

だが、アメリカによる日本への拡大抑止という全体像のなかでは、沖縄核密約ですら、どちらかというと主題ではなかったと考えられる。というのも、日本側の非核三原則にかかわらず、そもそも拡大抑止の在り方そのものが、沖縄から核を撤去しなければならない事情を抱えていたと見ることができるからである。

ここで、アメリカが沖縄から核を撤去したのは、沖縄に配備されていた地対地巡航ミサイル・メースBが旧式化したから、というのは理由にならない。同じころ（一九六九年四月）、西ドイツでメースBに代わって地対地短距離弾道ミサイル・パーシングが導入されたように[34]、東アジアでも代替措置をとればよいだけの話だからである[35]。

そこで沖縄からの核の撤去を日本的視点のみからとらえるのではなく、アメリカの核戦略そのものの変化という第三者的視点から見ていく必要があるだろう。

大量報復戦略と日本・沖縄

冷戦初期の一九五〇年代にアメリカが採用した核戦略は、「大量報復戦略」と呼ばれるものであった。大量報復戦略とは、東側が西側に侵攻を開始した場合、たとえそれが核ではない通常戦力によるものであったとしても、東側に対しただちに大量の核の雨を降らせて報復するとするものである。このような大量報復戦略は、東西両陣営が対峙し合う正面であったヨーロッパにおいて、ソ連を中心とするワルシャワ条約機構軍が西ヨーロッパに侵攻することを抑止するのに有効だと考えられ、アイゼンハワー政権で採用された。

アイゼンハワー政権末期に作成され、ケネディ政権に引き継がれた、大量報復戦略にもとづくアメリカの核戦争計画である「単一統合作戦計画」(「SIOP-62」)では、次のような恐るべき描写がなされている[36]。大量報復は、アメリカがソ連、中国、東ヨーロッパの一〇〇〇以上の攻撃地点に約三三〇〇発の核を撃ち込むことでなされる。それにより、ソ連人と中国人の約二億八五〇〇万人が死亡し、約四〇〇〇万人が重傷を負う。加えて東ヨーロッパでも数百万単位の死傷者が出るほか、西側でも放射性降下物による被害者が生じるのを免れない。

もし大量報復が実行されれば、一四世紀にモンゴル帝国時代のユーラシアがペストで壊滅したことさえ、まだましに思えるだろう。

当時は、大陸間弾道ミサイル(ICBM)であるミニットマンや、潜水艦発射型弾道ミサイル(SLBM)のポラリスなどの長距離型の戦略核ミサイルの製造・配備がまだ黎明期にあった[37]。そのため、大量報復用の核として想定されていたのは非戦略核であり、射程が短いので敵対国に近接する地域に前方配備しておく必要があった。たとえば西ヨーロッパでは、一九五五年に西ドイツに核が配備された[38]。

事情は東アジアでも同様であった。なかでも、朝鮮有事や台湾有事を念頭に、中国を標的とした非戦略核の前方配備が進められた。朝鮮戦争は一九五三年七月に休戦になったばかりであったし、一九五四年九月からは第一次台湾海峡危機が発生した。前述のように第一次台湾海峡危機の最中の同年一二月から、アメリカの施政権下にあった沖縄に核が持ち込まれる。沖縄に持ち込まれた一九種類にのぼる核のうち[39]、メースBは、射程約二二〇〇キロメートルで、中国の北京、重慶、西安、大同、長春や、北朝鮮の平壌、極東ソ連のウラジオストクなどが射程圏内に入っていた。沖縄に配備された核弾頭の数は、沖縄返還前までに約一二〇〇発に達する。

また一九五八年はじめから、韓国と台湾にも非戦略核が配備された（このほかにもグアムやフィリピンにも配備）。韓国には、原子砲、地対地ロケット弾・オネストジョン、爆弾、核爆破資材、地対地巡航ミサイル・マタドールなどが、また台湾にもマタドールが導入された[40]。なおこの年の八月に第二次台湾海峡危機が発生している。

だが以上のような極東での核の配備状況は、裏を返せば、アメリカは日本本土に核を置かずにすませた、ということになる。大量報復用の非戦略核を極東に前方配備するといっても、地域全体で考えればよく、沖縄、韓国、台湾に核を置くことができるのであれば、必ずしも日本本土に核を地上配備するまでの必要はなかったのだ。

また核の使用の用途についても、アメリカは極東全体で考えていた。実際に沖縄に配備された核は、日本有事よりも、朝鮮有事を念頭に置いたものであった。[41]

柔軟反応戦略と沖縄

ところが一九六〇年代に入ると、アメリカの核戦略そのものが、大量報復戦略から別の戦略へと移行することになる。

この背景には、大量報復戦略の欠陥が指摘されるようになったことがあった。ソ連が西ヨーロッパを通常戦力で攻撃し、これに対しアメリカが大量報復戦略にもとづいてソ連に核による大量報復をおこなえば、ソ連はそれに対するさらなる報復として、アメリカ本土に核攻撃を加えるだろう。実際にソ連は一九五七年一〇月四日に人工衛星スプートニク打ち上げに成功し、長射程の弾道ミサイルの能力向上を西側に印象づけていた。

そうだとすると、時計の針を巻き戻して、アメリカは、自分たちの国土が灰燼《かいじん》化することになる危険があることを承知で、ソ連の西ヨーロッパ侵攻に対し核で大量報復するだろうか、という疑いが生じる。仮にクレムリンがこのようにとらえ、核戦略の信憑性が下がれば、それだけ抑止は機能しにくくなる。

そこでケネディ政権以降に登場したのが、「柔軟反応戦略」である。大量報復戦略が、東側からの通常戦力による侵攻に対しても大量の核で報復する戦略であるのに対し、柔軟反応戦略は、「エスカレーション・ラダー」（段階的な戦争拡大のハシゴ）を昇り降りする戦略である。つまり、相手の通常戦力には、核ではなくまずは通常戦力で対抗する。通常戦力同士の対決で紛争が収拾すればそれでよいが、もし対決がエスカレートした場合は、次はたとえば非戦略核同士の局地的な核戦争の段階に移る（これ以外にも多くの段階がある）。そしてハシゴを昇っていくと、戦略核と戦略核の全面対決、すなわち相互確証破壊にいたる。

このように、最初の軍事衝突から、アメリカとソ連の共倒れまでのあいだに、いくつもの段階を設けることで、ソ連の西ヨーロッパ侵攻に対してアメリカが報復するという信憑性が、大量報復戦略をとる場合よりも高まることになると考えられるようになった。そして大量報復戦略から柔軟反応戦略への移行は、前方配備された非戦略核の役割にも影響を及ぼすことになる。

柔軟反応戦略をとる場合、東側が通常戦力で西側への侵攻を開始した際には、西側も核ではなく、通常戦力で対抗することになる。言い換えると、東側が初手から核を使ってこない限り、西側も初手から核を使わない。そうなると、初手では使わないような兵器を敵対国の近接地域に前方展開しても、開戦後に最初に敵の餌食になるだけである。このように相手からの攻撃に脆弱な核は、むしろ後方に下げておいた方がいいだろう。とすると、沖縄からも核を引き揚げた方が合理的ということになる。

だが、ここにはもう一つの選択肢がある。柔軟反応戦略をとる場合であっても、エスカレーションのハシゴのなかで、通常戦力同士の対決と戦略核同士の対決のあいだに、「非戦略核同士の対決の段階」を入れ込んでおくことが好ましいという考えをとることがありうる、ということだ。そうすれば通常戦力同士の対決が一気に戦略核同士の対決に進まずにすむからである。とすると、先ほどの議論とは逆に、やはり敵対国の近接地域に非戦略核を前方配備しておいた方がいいかもしれない。

実際に一九六九年四月までに米統合参謀本部は、沖縄から核を撤去すると、起こりうる核紛争を地域レベルに抑え込む能力を低下させることになるのではないかと懸念していた[42]。当時のジョンソン駐日米大使もこう述べている。ポラリス潜水艦による戦略核攻撃を実施すれば、核による対応という悪循環を生み、容易に最悪の事態へと発展するが、柔軟反応戦略の下、非戦略核による小規模な対応であれば、最悪の事態を回避できるかもしれない。「というのは、攻撃のレベルに対応した反撃が可能となるからだ。それゆえ、沖縄の核兵器は依然として戦略的重要性を持っていた」[43]。

整理しよう。核戦略として大量報復戦略をとる場合は、敵対国の近接地域に大量報復用の非戦略核を前方配備しておくのが効果的である。一方、柔軟反応戦略をとる場合には、核を後方に下げることがありうる。そして後方に下げるかどうかの判断は、初手では使わない非戦略核を敵対国の近接地域に前方配備しておく脆弱性に対する懸念を重視するのか、それともそうした脆弱性にもかかわらず、エスカレーション・ラダーのなかで非戦略核での対決の段階を入れ込んでおく効果の方を重視するのか、によって変わってくる。

沖縄から核が撤去された戦略的理由

アメリカが日本本土の代替地であった沖縄から非戦略核を撤去したのは、柔軟反応戦略下のエスカレーション・ラダーのなかで非戦略核同士の対決の段階を入れ込んでおく効果を、非戦略核の前方配備の脆弱性に対する懸念ほどに重視しなかったからである。その背景は少なくとも五つあると見ることができよう。

第一に、そもそも論としての、通常戦力の優位性である。

ヨーロッパでは、通常戦力のレベルでアメリカを中心とするNATOよりもワルシャワ条約機構の方が優位であった。したがってワルシャワ条約機構軍の西ヨーロッパ侵攻を抑止するうえで、西側の核の存在は不可欠であった。

これに対してアジア太平洋では、沖縄や韓国のアメリカ軍や第七艦隊などの通常戦力で西側が優位であったため、そもそも東側の通常戦力による侵攻を抑止するうえでヨーロッパの場合ほど核が必要とされたわけではなかった。安全保障専門家の村野将《まさし》が指摘するように、アジア太平洋におけるアメリカの核は、東側が、通常戦力の劣勢を核で相殺しようとするのを抑止するためのものであった[44]。そのうえ戦争になれば陸上戦となるヨーロッパとちがって、海に囲まれた日本に上陸しようとする敵に対し核を用いる蓋然性はそれほど高くはなかった[45]。

第二に、中国に対する抑止には戦略核で十分だと考えられたことである。

一九六〇年代に入ると、アメリカ本土に次世代型ＩＣＢＭが配備されて数百基単位でソ連や中国を標的下に収めるようになり、またＳＬＢＭが作戦航行を開始し、さらにグアムにはポラリス潜水艦やＢ－52戦略爆撃機が展開されるようになった[46]。一方中国は、一九六四年一〇月に核実験に成功したものの、核戦力はＨ－６爆撃機などを主体とする原初的なもので[47]、ソ連の場合のようにアメリカとのあいだで相互確証破壊を通じた戦略的安定を築くにはいたらなかった。

であれば、中国はもしアメリカとのあいだで通常戦力同士の対決が生じた場合でも、そこから非戦略核同士の対決の段階には軽々にエスカレートできないと考えられる。中国が極東で非戦略核を使用すれば、アメリカは戦略核で中国に報復できる一方、核攻撃を受けた中国がそれに対する報復をアメリカに対しおこなう手段が不十分だからである。

ただこの場合、アメリカに戦略核で報復できるソ連が、中国に拡大抑止を提供するなら話は別である。だが、一九六〇年代からのソ中対立によりそうしたことは不可能であった。

第三に、結果的にはそのソ中対立の裏返しとなるが、アメリカが中国との和解を見すえていたことである。

アメリカと中国の和解が達成されれば、両国が核で応酬する事態となる可能性は遠のき、沖縄に非戦略核を配備しておく必要性はさらに低下する。むしろ沖縄からの非戦略核の撤去は、アメリカの非戦略核による攻撃のターゲットから中国を外すことを意味しており、アメリカが中国との和解を望んでいることについての、中国側へのこれ以上ないメッセージであった。[48] 国際政治の世界では、軍事力の配備形態が時として言語以上のコミュニケーション手段となる。

第四に、沖縄から核を撤去しても、韓国と台湾という代替地が存在したことだ。

実際に一九六九年四月までに米国務省、および米国防総省の背広組組織である国防長官府と国際安全保障局は、沖縄から核を撤去しても朝鮮有事への影響は最小だと分析し、その理由として第七艦隊の核と並んで韓国内に配備された核の存在を挙げた。[49] 台湾の核爆弾はその後、米中和解にともない一九七四年七月までに撤去される一方、[50] 韓国に配備された核は結局、冷戦が終結するまで置かれたままであった（一九九一年一二月一八日に撤去完了）。

そして、第五にようやく登場してくるのが、沖縄核密約ということになる。「アメリカは沖縄から核をいったん撤去したといっても、密約によって再持ち込みが可能だった」ことは、非核三原則にたがい、また「密約」という合意方式の性格があるためにセンセーショナルな注目を集めがちである。だが今になって振り返ると、真に注目すべきなのは、拡大抑止の提供元であるアメリカにおいて、大量報復戦略から柔軟反応戦略への核戦略そのものの移行があったがゆえに、前方配備された非戦略核の脆弱性が懸念されることになり、アメリカが沖縄から核を撤去したという事情の方だ。

ただし先に見たように柔軟反応戦略の下でも、エスカレーション・ラダーのなかで非戦略核同士の対決の段階を入れ込んでおくために、沖縄に非戦略核を前方配備しておくべきとの議論は成り立ちえた。沖縄核密約は、アジア太平洋における通常戦力での西側優位、アメリカの戦略核による中国への抑止、米中和解の展望、代替地としての韓国・台湾の存在などと並んで、この種の議論を成り立ちにくくした理由の一つであるにすぎない。密約だけに目を奪われることなく、全体像を見すえる視点が大切であろう。

加えて、沖縄・嘉手納基地の米空軍第一八戦術戦闘航空団は、沖縄返還後も核攻撃の任務を維持しており、もし沖縄に非戦略核を再配備することになった場合、その核は韓国（およびフィリピン、グアム）から持ち込まれることになっていた。具体的には、嘉手納基地に配備されているF－4D戦闘機搭載用の核爆弾が韓国などの基地に貯蔵され、緊急時に嘉手納に空輸されることになっていた。[51]

日米間の核問題について卓越した取材と研究をおこなってきたジャーナリストの太田昌克《まさかつ》は、アメリカによる日本への拡大抑止の提供を、「決して日本防衛だけを意識したものではなく、朝鮮や台湾などの軍事的な火種を抱える東アジア全体を防衛するという視座から生まれた軍事政策」と指摘する。[52] 日米同盟と米韓同盟はやはり密接な関係にあり、拡大抑止の分野からも「極東一九〇五年体制」を支えたのだった。

核の危険地帯と化した日本周辺

日本と拡大抑止の関係を考えるうえで、日本の一般社会における思考の中心には従来から依然として非核三原則があるといえる。しかしそうした日本的視点に過度にこだわるだけではすまされなくなってきている。近年、日本の周囲は世界有数の危険地帯になっているが、このことは核についても当てはまる。[53]

中国は、新型ICBMのDF－41を開発しており、SLBMについてもJL－2（射程約七二〇〇キロメートルとみられる）を搭載するための晋級SSBNを運用中とみられるなど、核戦力の近代化・多様化・拡大をめざしている。さらに二〇三五年までに少なくとも一五〇〇発の核弾頭を保有することを企図しているとの指摘もある。中国はこれらの核戦力によって、アメリカに対する核抑止力の確保や通常戦力の補完に加え、国際社会における発言力の確保などを図っていると考えられている。

また北朝鮮は、二〇二四年三月現在まで六回の核実験をおこない、近年も弾道ミサイルの発射を繰り返していて、すでに核を小型化・弾頭化し、弾道ミサイルに搭載して攻撃する能力を保有しているとみられている。北朝鮮が核能力の向上を図っているのは、長射程弾道ミサイルを保有することで、アメリカに対する核抑止力を獲得し、金正恩独裁体制の維持・生存を図ることや、朝鮮有事における非戦略核使用の脅しを効かせることなどのためであろう。

冷戦時代からの核大国であるロシアも、極東方面に核戦力を維持している。たとえばロシアは極東に、海上発射型巡航ミサイルシステム「カリブル」を搭載可能な艦船の配備を進めている。もしアメリカからの拡大抑止の提供がなければ、非核政策を維持する日本の安心感はまったく異なったものになっているだろう。

ここで日本にも大きなインパクトを与えたのが、二〇二二年二月から始まったロシアによるウクライナ侵略である。侵略に際しロシアは、露骨な核の威嚇をおこなった。このことが、西側がウクライナ支援のための直接的な軍事介入を躊躇している大きな理由となっている。

日本に当てはめてみると、日本にとっての懸念や脅威と考えられる中国、北朝鮮、ロシアは、いずれも核保有国であり、これらの国が有事の際に核の威嚇をおこなってくることも考えられる。そこで、ウクライナの場合と同様、東アジアにおいても有事にアメリカが介入を避けようとするのではないか、との懸念の声が一部で生じてきたのである。

非核三原則の反動としての核武装論・核持ち込み論

ただ、だからといって日本がただちに核武装すべきだ、ということにはならないであろう。唯一の被爆国としてのアイデンティティや、国内の反核感情の強さからくる反対が起こるためだけではない。日本が核武装すれば、核不拡散条約（NPT）違反となり、日本は国際社会から制裁の対象になる。日本外交にとって、無視しえない損失であろう。

また日本の国土の特性が、狭隘《きょうあい》で人口が密集している、つまり「戦略的縦深性」を欠いていることにあるので、そもそも核保有に向いていないことが指摘できる。面積が広大で大陸に奥行きがある大国を相手に核で応酬すれば、相手は許容できる犠牲で、日本という国家そのものを最初の段階で決定的に破壊し尽くしてしまえるかもしれないのだ。日本が独自に戦略的安定を確保するのは、戦略上・地政学上難しいと言わねばならない。

このように日本の核武装は現実味を欠くが、一方でアメリカの拡大抑止の提供の保証には一抹の不安もよぎる。そうした心理が国民レベルで働いたロシアによるウクライナ侵略開始直後の時期の二月二七日、安倍晋三元総理が「核共有」に言及したことに注目が集まった。

たしかにNATOでは核共有の仕組みがとられていて、アメリカの非戦略核爆弾B61がヨーロッパの同盟国に配備されている。[54]だがNATOでいう核共有とは、一般的なイメージで核を核保有国とその同盟国のあいだで「共有」することではない。ドイツなど、ヨーロッパにおけるアメリカの同盟国からすると、NATOが核を使用する場合、その核はヨーロッパで使用されるわけであるし、場合によっては自国内で使用することになるかもしれない。その重い決断を、アメリカとその同盟国で共有し、ヨーロッパの同盟国の航空機がアメリカのB61を搭載して核攻撃を実施するというのが、NATOにおける核共有の意味である。[55]

NATOの核共有制度の下では、ヨーロッパの同盟国がアメリカに核使用を要請しても、アメリカは拒否することができる。逆にアメリカが核使用を決定した場合に、ヨーロッパの同盟国が拒否しても、アメリカは核共有制度の枠外で自軍の核を使用できるだろう。[56]そもそもアメリカが核を使用する場合、手段としては基本的にICBMやSLBMが用いられ、同盟国に配備されたB61が使われる可能性は低いと考えられている。それでも核共有の仕組みが存在するのは、前述したような重い決断の共有という理由に加え、ヨーロッパにおけるアメリカの同盟国は、自国に配備された核弾頭について、アメリカと共同計画を策定し、共同訓練を実施できる点にメリットを感じるからである。

このように、NATOの核共有制度とはNATO独自の文脈のなかに存在する仕組みであり、そのまま日本に移植して安心感が得られるような性格のものではない。日本の場合、日本領域外での作戦のために、アメリカの核を航空自衛隊のF－35A戦闘機に搭載して使用すること自体にNATOの場合と同じような意義は見出しにくいだろう。とすると、核共有のイメージで語られる仕組みのなかで日本にとって重要なのは、核に関する共同計画や共同訓練を別にすれば、日本の国土のうえにアメリカの核を置いておくことが、拡大抑止の信憑性を高めるうえで合理的かどうかという点にしぼられる。

前述の通り、これまでアメリカは日本本土に核を配備せず、配備していた沖縄からも一九七二年までに撤去した。アメリカが沖縄「核抜き」返還に応じたのは、柔軟反応戦略を前提とした場合であっても用意しておいた方がよいかもしれない非戦略核使用の段階を、わざわざ沖縄への核の常時配備で担保しなくともよかったからである。それよりも、非戦略核の前方配備で生じる脆弱性への懸念の方が優ったのだった。その背景として挙げられるのは、繰り返すと、通常戦力の優位、戦略核による抑止、米中和解、代替地の存在、そして沖縄核密約であった。

たしかに、こうした背景のいずれも今日では変化してきている。通常戦力・戦略核いずれの分野でも、中国に対するアメリカの圧倒的優位は揺らぎつつある。アメリカと中国は競争・対立の時代に入った。またすでに台湾からも韓国からもアメリカの核は撤去されており、沖縄核密約の今日における意義も明確ではない。

それにもかかわらず、やはり非戦略核の前方配備の脆弱性の問題は依然として残される。核を保管する弾薬庫、地下サイロ（ミサイルを格納する構築物）のような固定式発射台、輸送起立発射機（TEL。ミサイルを搭載・発射できる車両）のような移動式発射台のいずれも、狭隘な島国である日本の国土のうえでは敵対国の目から秘匿できず、脆弱性をさらけ出す可能性が高い[57]。とすると、沖縄を含む日本にアメリカの非戦略核を地上配備するよりも、依然としてグアムなどを含めより後方に戦略核を配備しておく方が合理的ということになるだろう。具体的には、戦略核であるミニットマンICBM、オハイオ級SSBN、トライデントD－5SLBMが配備されており、抑止力として機能している[58]。

このように、核共有、あるいは日本への核の地上配備をただちに実施する必要があるとはいえない。だがそれは、非核三原則に照らして認められないということではなく、戦略的・地政学的視点からあまり合理性が高いとはいえないという意味である。これらを混同してはならない。戦略的・地政学的視点を抜きに、非核三原則を思考の中心に置いてしまうと、状況が変わった場合にその反動で安易な核武装論や核持ち込み論につながらないとも限らないのである。

＊

たしかに非核三原則は、広島・長崎が核で蹂躙《じゅうりん》されたという耐えがたい国民的経験と記憶を背景として形成されており、軽々しいものではない。

だが、非核三原則を思考の中心にすえるような日本的視点にこだわりすぎてしまうと、日本の平和に寄与している拡大抑止の全体像が見えづらくなってしまう。日本の国土のうえにアメリカの核がないのは、必ずしも非核三原則のみによるのではない。客観的には、日本の国土のうえに核があってほしくないという願望が、アメリカから提供される拡大抑止の在り方そのものによって許容されている、と見るべきであろう。「核の一国平和主義」に過度にこだわるのでも、逆に怖いからとにかく核武装しようとしたり、日本とは事情の異なる背景を持つＮＡＴＯの仕組みをそのまま移植して日本にアメリカの核を置こうとしたりするのでもない、戦略的・地政学的に合理性のある議論が深まることが求められる。

その点で、日米間で拡大抑止をめぐる意思疎通を深めていくことは重要であり、近年そのような取り組みがおこなわれるようになりつつある。実際に二〇一〇年二月一八日から、拡大抑止の維持・強化を議論する「日米拡大抑止協議」（ＥＤＤ）が定例化することになった。

そしてこの場を通じて、たとえば潜水艦発射型のトマホーク対地巡航ミサイルTLAM－Nの退役問題についても日米間の認識の一致が進んだとされる。アメリカは一九九一年に艦船からの核の撤去を決定したのちも、TLAM－Nを攻撃型原潜に再配備する能力を維持していたが[59]、同ミサイルは二〇一三年に退役することが予定されていた。これに対し二〇〇九年一二月二四日に岡田外相がヒラリー・クリントン米国務長官に、TLAM－Nの退役が日本への拡大抑止に与える影響について説明を希望した[60]。この背景には、射程約二五〇〇キロメートルと短いTLAM－Nを搭載する攻撃型原潜は、日本近海に展開されるという点で相手に可視的であり、かつ低出力のためエスカレーション・ラダーの小刻みな設定が可能になるとの見方が日本側にあったとの指摘がある[61]。ただTLAM－Nには技術的問題が大きく（展開地点から標的までの地形データの入力が困難であるなど）、日本側もそうした説明に納得したようである（結局TLAM－Nは二〇一三年に退役する）。

このような枠組みの下での日本自身の施策として、第2章で見た反撃能力の保有も、核を頂点とする抑止体系のなかで生じてきていたミサイル・ギャップを埋めるという意味があるといえる。

またアメリカ側とは、第2章で言及したインド太平洋軍との指揮権調整のみならず、核作戦の指揮権を持つ戦略軍との対話も求められる。

さらに、アメリカによる日本への拡大抑止の提供は、極東地域全体のなかでその位置づけをとらえる必要がある。まず韓国について、バイデン政権は二〇二二年一〇月二七日に発表した核政策の報告書「核態勢見直し」（NPR）のなかで、核に関する日米二国間協議を日米韓三国間協議に拡大する可能性に言及した。その翌年の二〇二三年四月二六日、バイデン大統領と尹錫悦大統領は、核に関する「ワシントン宣言」を発表した。同宣言では、アメリカのSSBNの韓国派遣や、米韓両国で核計画を議論する「核協議グループ」の新設などが盛り込まれた。SSBNの韓国派遣自体に軍事的合理性は乏しいものの（わざわざ脆弱性をさらけ出す必要はない）、極東におけるアメリカによる「拡大抑止」の強化が課題であることには変わりない。

関連して、拡大抑止に関する日本と韓国の立場は必ずしも一致するとは限らないとの指摘もある。たとえば安全保障専門家のアンドリュー・クレピネヴィッチは、北朝鮮が日本を核攻撃した場合、日本はアメリカに北朝鮮への報復を求めることになるが、韓国はアメリカが北朝鮮に報復した場合に次は韓国が狙われるかもしれないから北朝鮮への宥和を求めることになると論じている。[62] 仮にこうした立場のちがいが生じる土壌があるとすれば、平素からアメリカ・日本・韓国が拡大抑止について情報や認識を共有しておくことが求められるだろう。

加えて台湾について、アメリカは米台同盟解消以降、台湾に核の傘が及ぶと明言したことはない。[63] 第2章で見た部隊運用の分野と同様、拡大抑止のなかで台湾をどう位置づけるかは難しい課題である。

核だらけの東アジアのなかで、アメリカによる日本への拡大抑止の保証を維持・強化していくためにも、日米同盟における核の役割をタブー視せず、アメリカの核戦略のなかでの日本の位置づけや、極東地域全体に及ぶ拡大抑止の在り方を見渡すような第三者的視点から、その実像を理解することがますます重要になってくるだろう。

おわりに

安全保障の現実とのギャップ

本書では日米同盟について、「基地使用」「部隊運用」「事態対処」「出口戦略」「拡大抑止」という五つの分野から論じてきた。またその際、日本側の願望や都合にもとづく「日本的視点」と、日本以外の国ぐにの見方も踏まえ、現状を歴史的背景あるいは地域全体のなかに置いて俯瞰する「第三者的視点」とを対比させるかたちで、安全保障の現実とのギャップを点検してきた。日本的視点の背景には、「一国平和主義」や「必要最小限論」が存在した。

まず基地使用については、一国平和主義にもとづき、日本に関係のない外国の戦争に巻き込まれないように、極東有事におけるアメリカ軍の日本の基地の使用に制約を課すことが重視されてきた。しかし日米同盟は、「極東一九〇五年体制」という地域秩序を支える「米日・米韓両同盟」といえる安全保障システムの一機能でもある。極東有事を「日本に関係のない外国の戦争」と見ることはできない。

次に部隊運用、特に指揮権調整については、一国平和主義と必要最小限論から、指揮権の独立自体が目的とされてきた。実際には日米同盟における指揮権調整の在り方は、極東地域全体におけるアメリカ軍の指揮体系、特に米韓同盟における指揮権や司令部機能の在り方と密接に関係していた。

続いて事態対処でも、極東有事、重要影響事態、存立危機事態・武力攻撃事態への対処の仕組みや思考様式は、やはり一国平和主義や必要最小限論と関わっている。ただ、第三者的視点に立った場合に、日本的視点で考えるイメージとは異なる展開を生じさせる可能性があることに留意すべきである。

出口戦略は、戦後日本がそもそも見ないですませてきた分野である。たしかに戦争は起こしてはならないが、だからといって万が一戦争が起こったときにどう終わらせるのかを考えなくてよいということにはならない。そして有事の出口を見すえる際には、何のために、どこまで犠牲を払うべきなのかを、国民レベルで議論していく必要がある。

最後に拡大抑止については、それよりも「核の一国平和主義」といえる非核三原則が思考の中心にすえられてきた。だが客観的には、そうした願望が、アメリカから提供される拡大抑止の在り方そのものによって許容されていたといえ、このことに目を向けるべきであろう。

日本的視点の帰結

それにもかかわらず、日本的視点と第三者的視点のギャップを克服することは容易ではない。そうした状況のなかで、日本的視点を克服できないまま仮に朝鮮有事や台湾有事が発生した場合、もしかすると以下のような展開をたどることになるかもしれない[1]。

ケース①——巻き込まれ論

日米同盟は、朝鮮が戦火に包まれるなかで生まれた。そして朝鮮戦争を通じて在日米軍基地の存在によって韓国防衛を助け、一九五三年の休戦後は北朝鮮による韓国再侵攻を抑止してきたと考えられる。だが休戦から七〇年以上の歳月を経ても、朝鮮半島の分断と緊張は解決をみない状況が継続していた。

そうしたなか、北朝鮮と韓国とのあいだでこれまでも繰り返されていたような偶発的な小競り合いが生じた。ここで金正恩体制は紛争をエスカレートさせ、長距離火砲や短距離弾道ミサイルで韓国軍・在韓米軍の拠点に対し攻撃をおこなった。

これに対し、米韓連合軍は朝鮮半島で反撃作戦を展開した。アメリカ軍は反撃拠点を韓国領内に限定するつもりはなく、三沢や嘉手納などの日本の基地から北朝鮮に対する直接戦闘作戦行動をとる準備に入った。北朝鮮の韓国侵攻により、日米安保条約第六条が言う「極東における国際の平和及び安全の維持」が損なわれた。同条によれば、この場合アメリカ軍は日本の基地を使用することができる。

ただしアメリカ軍が日本の基地から北朝鮮への直接戦闘作戦行動をとる場合は、日本政府との事前協議が必要となる。そこでアメリカ政府は、有事が発生するとすぐさま日本政府に2プラス2のオンラインでの緊急開催を求めてきた。そしてこの2プラス2の席上、日米同盟史上初の事前協議がおこなわれた。当然アメリカ側は日本政府の即答を求めている。日本側はただちに緊急のNSCおよび臨時閣議を開催した。同盟国としての返答を、決定しなければならない。

日本は何と答えるのか。
日本は一九六九年の佐藤＝ニクソン共同声明で、「韓国の安全は日本自身の安全にとって緊要」と認めている。また佐藤栄作総理はナショナル・プレス・クラブ演説で、朝鮮有事における在日米軍の直接戦闘作戦行動について、日本は「前向きに、かつすみやかに」態度を決定すると約束した。つまり日本はこのような場合、事前協議で限りなくイエスと答えるものと考えられてきた。一九六〇年代にアメリカに示した約束手形を、ついに振り出す時が来たのである。ただ、この約束手形を実際に現金化したことはこれまでただの一度もないのだ。

ここで北朝鮮の朝鮮中央放送は、もし日本が事前協議でアメリカにイエスと答えるならば、韓国のみならず日本も攻撃対象に含む、と脅しをかけてきた。それも口先だけでなく、実際に準中距離弾道ミサイルや長距離巡航ミサイルを日本の排他的経済水域（EEZ）内に発射するのに加え、日本列島越えのミサイルを二発同時に発射し、心理的恫喝をしかけてきた。

北朝鮮の恫喝を受け、日本国内では一部の政党や大手メディア、著名な知識人らのあいだで、日本が日本と関係のない外国の戦争に巻き込まれることになるとして基地使用拒否の声が高まった。総理官邸や国会周辺では、大規模な反対デモが発生した。

アメリカ軍に基地使用を許さない限り、日本はこの紛争から無関係でいられると信じられているようであった。

巻き込まれ論が日本社会全体を席捲するなか、こうした声を無視することもできず、政府として丁寧な説明が必要となったが、その分アメリカ側から見て事前協議の手続きは大幅に遅延することとなった。実は日本の巻き込まれ論につけ入ることこそ、北朝鮮のねらいであった。日本は最初から、北朝鮮に見切られていたのである。

事前協議制度は本来、日本とアメリカの関係がまだ敗戦国と戦勝国の間柄といえたような時代に、日米間の対等性を確保するための仕組みであった。だが今回この制度が、むしろ敵対国から逆手にとられてしまうかたちとなってしまった。

最終的に日本政府はイエスの回答をおこない、これが決め手となって朝鮮有事は終息に向かったが、アメリカによる韓国防衛作戦は予想外に長引き、米韓連合軍の死傷者数も想定の範囲を超えるものだった。

アメリカ国内では「韓国防衛は日本の安全に直結する問題なのに、なぜ日本はアメリカ軍に非協力的なのか」といった非難が巻き起こり、日米同盟への不信感が高まった。議会でも「これでは在日米軍基地の使用を前提とした台湾防衛は不可能だ」との声が上がるなど、極東への防衛コミットメントの在り方そのものを再検討する動きも加速しており、一部では「アチソン・ライン」への回帰さえささやかれ始めている。

ケース②――即時停戦論

一九七二年の中国との和解以来、日米同盟は台湾海峡問題の平和的解決を前提としてきた。しかし、中国は台湾の武力統一の可能性を排除していなかった。

そしてかねてより懸念されていた通り、中国国家主席は台湾侵攻を決断した。中国はアメリカ軍などの介入を阻止するため、まず台湾を海上封鎖し、同時に戦略支援部隊やサイバー民兵などが台湾や関係各国の重要インフラを標的にサイバー攻撃をしかけた。そのうえで、台湾の重要軍事施設に対しロケット軍・陸海空軍による弾道ミサイル・巡航ミサイル攻撃をおこない、海上戦力・航空戦力を展開して、強襲揚陸艦や大型輸送機・輸送ヘリなどによる台湾への着上陸作戦を実施した。加えて、台湾政府首脳部を標的とした特殊部隊による斬首作戦も試みられた。

これに対しアメリカ側は当初、警戒監視などの示威行為を通じて中国軍に撤退を促すために、台湾周辺に空母艦隊を派遣することとした。だが効果は見られず、アメリカ軍は台湾へのアクセスを維持し、南西諸島・尖閣諸島を防衛するため、東シナ海や台湾東部海域での海上優勢を確保する作戦を開始し、台湾海峡を渡航する中国海上部隊への攻撃に踏み切った。

こうして戦後日本最大の試練の時が訪れた。日本はNSC主導の下で、アメリカとの事前協議で在日米軍基地からの直接戦闘作戦行動を認めたのに続き、初の重要影響事態を認定し、海上自衛隊の補給艦を西太平洋の公海上に派遣して米イージス艦への洋上補給などの後方支援を開始した。次いでアメリカ側からの要請にもとづき存立危機事態の認定をおこない、自衛隊に初めて防衛出動を下令して、中国側による台湾周辺での機雷敷設に対し海上自衛隊の掃海部隊による機雷掃海を実施することなどが閣議決定された。

ところが同日午後、中国側から在日米軍基地・自衛隊基地への弾道ミサイル攻撃がおこなわれた。日本政府はただちに武力攻撃事態を認定したものの、在日米軍・自衛隊・基地周辺の民間人に一〇〇〇人を超える死傷者が発生したことに日本国内ではすさまじい動揺が広がった。そして即時停戦・外交的解決論が、燎原《りょうげん》の火のごとく広がった。

これまで万が一抑止が破れたあとのことまで深く考えてこなかったので、「即時停戦・外交的解決」以外に、有事の出口のイメージがないのである。

この間、中国軍は台湾を太平洋側からも攻める作戦に着手し、その一環として、重要拠点である与那国島・石垣島に侵攻して、これらを占領した。日本側はただちに奪還作戦の準備に入る。

翌日、アメリカ・日本・台湾の当局者間で、台湾総統が台北を脱出し、東京・白金台に亡命政権を置く構想が話し合われたとの情報がリークされる。日本のキー局が伝える街頭インタビューでは、「日本はこれ以上関わりあいたくないですね」との声が相次いだ。

一方、アメリカ軍の攻撃は中国軍に壊滅的な被害をもたらし、中国国家主席は台湾侵攻作戦の続行は不可能と判断した。またアメリカ側も、すでに空母二隻を喪失し、戦死者数も三〇〇〇人を超えたのに加え、この間イランがシリアとイラクに駐留するアメリカ軍に対する攻撃を活発化させ中東情勢が緊迫したことも手伝い、停戦への機運が高まった。台湾はさらなる攻撃続行を主張したが、アメリカ・中国両国は密かに休戦会談に向けた接触を開始した。

だが日本から見れば、与那国島・石垣島は中国軍に占領されたままである。すでに中国側との休戦に向けた接触を始めているアメリカは与那国・石垣奪還作戦に消極的であったため、やむなく自衛隊単独での作戦が立案された。だが自衛隊の死傷者数の予測が報道されると、日本国内で奪還作戦への支持は集まらなかった。

NSCは、自衛隊統合作戦司令部から上申された奪還作戦計画を承認することを断念した。国際社会も、「日本がそれでいいのなら」と状況を静観している。占領された国土の返還は、近く始まるアメリカ・中国主導の休戦会談の議題の一つに加えられることになり、日本は返還実現の確信がないまま、協議のゆくえを見守るしかなかった。ただ「何でもいいからとにかく戦争が早く終わってほしい」との声が日本では大勢であることは、当然中国も知るところであり、中国側に譲歩の気配はない。

ケース③——核武装・核持ち込み論

台湾有事において日本は、在日米軍基地の使用許可、重要影響事態の認定、存立危機事態の認定と、段階的に関与を深めていったが、その節目ごとに中国外交部報道官は、「日本による台湾の分離主義への加担は深刻な結果を招く」と述べて、軍事的恫喝を繰り返していた。

この間、日本側に衝撃が走ったのは、中国共産党幹部が「日本が敵対行為を中止しない限り、中国はその保持するあらゆる兵器を即座に投ずる用意がある」と口走ったことだった。ウクライナ侵略におけるロシアと同様、中国による露骨な核の威嚇と受け止められた。中国が保有する核弾頭搭載可能なDF－21などの準中距離弾道ミサイルは、日本を射程圏内に収めている。

戦後日本の核への向き合い方は、非核三原則に見られるように、日本の国土のうえに日本はもとよりアメリカの核を置かないことが焦点であったから、核の威嚇を受けるという想定外の事態に直面して蜂の巣をつついたような騒ぎになった。

実際には、台湾有事は中国による対日核使用という最悪の事態にはいたらないまま終息に向かいつつあった。だが中国から核の威嚇を受け、また通常弾頭とはいえ実際に弾道ミサイルによる被害をこうむったことで、日本国内では戦後もっとも熱を帯びた核論議が巻き起こった。

核論議は、大きく二つの考えに集約された。一つは、中国による対日核攻撃はもちろん、それに対するアメリカによる報復によっても大惨事が生じかねなかったとして、日本は二度とこのような恐怖を味わわないために核廃絶に向けて全力を尽くすべきとするものである。この立場をとる論者の多くは、核廃絶が実現するまでの間、二度と核保有国を刺激してはならず、引き続き非核三原則を堅持すべきだと主張した。

だが核の威嚇を受けた日本世論のあいだでは、もう一方の立場、すなわち非核三原則を廃棄すべきだとする言説に急速に支持が広がっていった。つまり日本自身が核武装するか、アメリカの核を日本に持ち込むべきとするものである。SNS上では「#今こそ核武装を」のハッシュタグがあふれかえった。核持ち込み論については、NATOの核共有方式や、米韓同盟における米戦略原潜の韓国への定期寄港などがモデルとみなされた。

日本の核への向き合い方の基本は非核三原則だから、何につけても同原則の是非が議論の焦点となるよりほかなかった。

一方、核武装論や核持ち込み論は軍事的合理性に乏しく、それよりもアメリカによる拡大抑止の強化や、海洋発射型巡航ミサイルの艦船への配備などその具体策をアメリカと協議する方が重要だとの議論は、専門家のあいだでなされるものに限られた。日本の核論議は、非核三原則の是非について堂々めぐりを繰り返すばかりだった。拡大抑止の提供元であるアメリカは、その様子を冷ややかな目で見つめている。

日米同盟観のバージョンアップ

以上で見た三つのケースは、有事のシナリオのあくまで一例、もしくは思考実験にすぎない。だが、いかにも「ありそうな」展開だと感じる読者もおられたのではないだろうか。日本的視点は、日本社会に深く根を下ろしており、その影響は度しがたく、克服は容易ではない。それでも、安全保障の現実とのギャップは、真剣に考えていかざるをえない大切な論点だろう。

安全保障政策は、国家間の相互作用を前提とするものである。そうである以上、一国平和主義や必要最小限論にもとづく日本的視点に過度にこだわることで、安全保障政策が「独りよがり」のものとなってしまい、安全保障の現実とのあいだにギャップを生じさせ、日米同盟が機能せず、逆に日本の安全にとって危険となるとすれば、それこそ本末転倒になってしまう。

むしろ今日のような、力による一方的な現状変更がまかり通りかねない地政学的競争の時代においては、日米同盟が地域や世界に「開かれた同盟」であることがますます重要になってくる。アジア太平洋におけるアメリカの同盟ネットワークが「ハブ・アンド・スポークス」型の姿をとることになったのは、第二次世界大戦で日本と敵対した国ぐにが戦後も依然として日本を脅威とみなしたことと、地域安全保障に関わることへの日本の消極姿勢のためであった。しかしこれらの理由はいずれも時代遅れだ。

実際に近年のアジア太平洋では、ハブ・アンド・スポークス型同盟網を基本としながらも、条約上の同盟国ではない国同士の安全保障上の関係が深まりつつある。そこでは、伝統的な「極東一九〇五年体制」に含まれる韓国・台湾のみならず、アメリカとともに「日米豪印戦略対話」(QUAD)を構成するオーストラリア、インド、そしてイギリス(かつて第二次日英同盟協約で「極東一九〇五年体制」を承認した)、さらには日米安保条約上の「極東」であるフィリピンといった国ぐにや地域を同志国等とし、「多国間型ネットワーク化」を図っていくことが求められることになる。またそこでの協力には、宇宙・サイバー・電磁波といった、いわゆる新領域を対象とした情報共有や運用面での調整も含まれる。

これらの取り組みを前に、私たちの日米同盟観をバージョンアップし、日本的視点と安全保障の現実とのギャップを埋めるための努力を重ねていく。それができるかどうかが、地政学的競争の時代における歴史の分岐点になると言っても過言ではないだろう。

あとがき

二〇二二年夏、筆者は外務省外交史料館に足を運んだ。期間限定で開催されていた旧日米安保条約の原本特別展示イベントをのぞいてみたかったのだ。

ただその折、旧日米安保条約以上に印象に残った別の展示物があった。一九五一年九月七日、サンフランシスコ講和会議で日本全権の吉田茂総理が読み上げた、講和条約受諾演説の原稿である。このグルグル巻きにされた紙は、当時外国メディアからは「トイレットペーパー」と揶揄《やゆ》されたという。のぞき込むと、演説原稿のなかに当時吉田が世界に対して発した次の一文があった。「敗戦後多年の蓄積を失い海外領土と資源を取り上げられる日本には隣国に対して軍事的な脅威となる程の近代的な軍備をする力は全然ないのであります」。改めてこれを目にした瞬間、七〇年という歳月の重みが体にズシリとひびいたように感じた。

戦後日本の再出発にあたり、戦前のような日本軍国主義の復活を防ぐこと自体に国際平和にとっての意味があるとする、ヤルタ体制的な戦後秩序観は消え去っていなかった。帝国日本がおこなったアジア侵略が、日本にも世界にも破滅的な結果をもたらした記憶はまだ新しかった。だからこそ吉田は講和に際して、今の日本はもはや地域の脅威ではないと、懸命に釈明しなければならなかったのだ。戦争を通じ地域に深い傷跡を残した日本が国際社会へ復帰するにあたり、自国の軍備に関して吉田がしたような説明をおこなうこと自体は不自然ではなかったといえる。

こうした事情に加え、当時の日本とアメリカの関係は、それが信頼できる同盟というより、まだ敗戦国と戦勝国の間柄といえた時代であったことにも思いをはせるべきだろう。それゆえ講和後の日本がアメリカの植民地のようになってしまわないためにも、日本と日本以外を線引きしておいた方がよいと考えられたのには一定の理解ができる。

しかし、講和から七〇年以上経ち、日本が国際社会での信用を集め、かつ日米間の信頼関係が深まった今日、日本自身の手をしばり、日本と日本以外を線引きすることに安全保障政策の主眼を置き続けることは、現実とのあいだに齟齬をきたしているのではないか。むしろ自国の願望や都合だけで平和を成り立たせようとするに等しいことになっていないだろうか。夕刻の麻布台をあとにしながら、そうした思いが脳裏をめぐった。

本書は以上のような問題意識にもとづき、日米同盟の死角といえる部分に、あえて光を当てようとする試みである。いわゆる軍事戦略論ではないが、それでも日米同盟をめぐる政治の重要論点を、歴史的視座から浮かび上がらせようとしたつもりだ。日米同盟や日本の安全保障について理解を深めたいとされる皆様に本書が少しでも参考にしていただけるものになればと願うが、そのようなねらいが達せられているか否かは、読書界のご判断に委ねるほかない。

ここで、本書刊行の背景について少しご紹介させていただく。これまで主に日米外交史、防衛政策史、戦争終結論に関する学術論文・学術書や教養新書の執筆、学会発表などを研究活動の中心としてきた筆者だが、最近テレビや新聞などメディアでの発言や、講演の機会を与えられることがままあった。そうした新しい活動のなかで、筆者の発言に接された皆様から、「台湾有事の出口はどう考えればよいのか」といった多くのご質問や、お褒めとお叱りの両方を含む様々な反応を頂戴するようになった。加えて、メディア関係者の方々とのやり取りのなかで、自分自身の考えが深まる場面が多々あった。

そこで、いただいた多くのご質問に対し、筆者なりの問題意識や物の見方を通じて、まとまったかたちでお答えできないかと考えるようになった。また、これまで筆者が手がけてきたものから、核兵器など、こぼれ落ちていた重要トピックもあった。ただ、これまでに五冊の単著書を上梓しており、自分の凡庸な脳みそからしぼり出せるものはしぼり切った感があったので、新たな本を書くということについて具体的なプランを描けるまでには到底いたっていなかった。

そのような折、いや、まだしぼり出せるものがありますよと声をかけて下さったのが、新潮選書編集部のベテラン編集者・中島輝尚《てるひさ》氏であった。そして中島氏と、同氏をご紹介下さった西村博一《ひろかず》・新潮社『Foresight（フォーサイト）』編集長と何度か打ち合わせを重ねた。その結果、日米同盟をテーマに、二〇二二年安保三文書や、事態対処、出口戦略、拡大抑止などのトピックについて、まずは随時『Foresight』に寄稿していくということになった。両氏からの励ましのおかげで、同誌への寄稿はそれなりに継続することができ、一連の論稿の再編集を中心とする作業を経て、こうして本書を世に送り出すことがかなった。

本書の刊行プロセスでは主として中島氏にお導きいただき、加えて新潮選書の三邊《さんべ》直太編集長からも貴重なアドバイスを頂戴した。新潮社には、三島由紀夫や開高健などの名だたる文豪も閉じ込められたという、神楽坂にある同社の執筆用のカンヅメ施設を用意していただくなどのご高配をたまわった。また、新潮社と何度も仕事をご一緒することになるきっかけをつくって下さったのは篠田英朗先生である。厚く御礼申し上げたい。

　自分は研究者として何がやりたいのか。そもそも何のために研究者の道を選んだのか。ボンヤリとは気づいていたのだが、その答えが明確に言語化された文章に出会ったのは、大学院を出て研究者になってから一〇年ほど経ってからのことだった。「私の場合は、学者になって、本を書きたかったのではない。本を書きたかったから、学者になったのである」。私淑する細谷雄一先生が、『読売新聞』にお寄せになったコラムの一文である。同じコラムのなかでさらに細谷先生はこうお書きになっていた。「本を書くことは、自らの宇宙を創成することである」。当時しびれる思いで読んだものだが、細谷先生のこのお言葉に今回改めて鼓舞された。

　執筆にあたっては、一政《いちまさ》祐行《すけゆき》先生、杉浦康之先生、山口信治《しんじ》先生、浅見明《あ》咲《さき》先生に草稿をお読みいただき、貴重なご指摘を頂戴した。また梅本哲也先生、徳地《とくち》秀士《ひでし》先生、庄司《しょうじ》潤一郎先生、門《もん》間《ま》理良《りら》先生、小谷哲男先生、鶴岡路人《みちと》先生、五十嵐隆幸先生、佐橋亮先生、石原雄介先生から有益なご教示をたまわった。赤木完爾《かんじ》先生、鈴木一人《かずと》先生、神保謙先生から頂戴したお言葉も大変励みになった。記して感謝申し上げたい。

　本書執筆中、筆者にとって恩人のお一人である山本吉宣《よしのぶ》先生が他界された。山本先生には二〇〇六年から二〇〇八年にかけて（財）平和・安全保障研究所／（独）国際交流基金日米センター「安全保障研究奨学プログラム」でご指導いただいた。日本の国際政治学の大家でいらっしゃるのに、絶対に威張らず、しかしご指導は鋭く厳しく、研究者としてはもちろん、お人柄にも深く敬服していた。同プログラム修了間近の研究報告のあと、筆者のそばに足をお運びになり笑顔で「一丁上がりだな」とおっしゃって下さったことは忘れられない。さらに、本書脱稿間際、関西時代から様々な場面でお世話になった五百旗頭真《いおきべまこと》先生も亡くなられてしまった。筆者による日本防衛学会猪木正道賞正賞受賞記念報告の会にお出まし下さった折にご挨拶したのが最後になるとは、夢にも思っていなかった。これまで五百旗頭先生が学問と社会に果たされた比類なきご貢献に、心から感謝の念を捧げたい。両先生に本書をお見せできなかったことに嘆息するばかりである。ご冥福を心よりお祈り申し上げる。

今世界を見渡せば、ロシア・ウクライナ戦争の終わりは見えず、朝鮮半島・台湾海峡の緊張は解けず、加えて中東ではイスラエル・ガザ紛争が新たな混乱を呼び起こしている。日々のニュースから伝えられる人間社会の残虐さ・愚かさには暗澹たる思いに駆られるが、だからこそこれからの時代の平和の在り方や日本の安全保障について読者諸賢とご一緒に考えていくことができれば幸いである。

最後に、筆者の人生に大きな幸せをもたらしてくれているかけがえのない家族である妻と三人の子供たちに感謝したい。

二〇二四年三月

千々和　泰明

注記

はじめに

1 David Holloway, "Jockeying for Position in the Postwar World: Soviet Entry into the War with Japan in August 1945," in Tsuyoshi Hasegawa ed. *The End of the Pacific War: Reappraisals* (Stanford: Stanford University Press, 2007), p. 174.

2 "Byrnes-Molotov Meeting, July 27, 1945," U.S. Department of State, *Foreign Relations of the United States: The Conference of Berlin (The Potsdam Conference)* Vol. II (Washington, D.C.: Government Printing Office, 1960) [hereafter *FRUS*], p. 450.

3 長谷川毅『暗闘―スターリン、トルーマンと日本降伏〔新版〕』中央公論新社、二〇〇六年、三六五頁。

4 保科善四郎『大東亜戦争秘史―失われた和平工作』原書房、一九七五年、一三四頁。

5 マイケル・J・グリーン（上原裕美子訳）『安倍晋三と日本の大戦略―21世紀の「利益線」構想』日本経済新聞出版、二〇二三年、南基正（市村繁和訳）『基地国家の誕生―朝鮮戦争と日本・アメリカ』東京堂出版、二〇二三年。

6 首相官邸「ジョンズ・ホプキンス大学高等国際関係大学院における岸田総理スピーチ」（令和五年一月一三日）〈https://www.kantei.go.jp/jp/101_kishida/statement/2023/0113speech.html〉（二〇二三年六月一九日アクセス）。

7 「佐藤発東郷宛第１４８０号」（七月三〇日）外務省編纂『終戦史録』（上）新聞月鑑社、一九五二年、五二二頁。

第１章

1 西村熊雄『サンフランシスコ平和条約・日米安保条約』中公文庫、一九九九年、四七－四八頁。

2 柴山太「冷戦初期のイギリス連邦は国際システム上の『極』と見なし得るか？―化学兵器大国としての英国そして米軍部内での英連邦総力戦能力についての評価」『総合政策研究』四七号（二〇一四年七月）五九頁。

3 小谷賢『日本インテリジェンス史―旧日本軍から公安、内調、NSCまで』中公新書、二〇二二年、七〇頁。

4 村野将「平和安全法制後の朝鮮半島有事に備えて―日米韓協力の展望と課題」『国際安全保障』四七巻二号（二〇一九年九月）七五頁。

5 外務省「日米安全保障条約（主要規定の解説）」〈https://www.mofa.go.jp/mofaj/area/usa/hosho/jyoyaku_k.html〉（二〇二三年六月一九日アクセス）。

6 「参議院議員春日正一君提出日米共同声明と安保・沖縄問題に関する質問に対する答弁書」（昭和四四年一二月二九日）〈https://www.sangiin.go.jp/japanese/joho1/kousei/syuisyo/062/touh/t062001.htm〉（二〇二三年六月一九日アクセス）。

7 信夫隆司「ボーレン・セラノ協定と事前協議制度」『法学紀要』五五巻（二〇一三年）二〇〇、二〇八頁。

8 坂元一哉『日米同盟の絆―安保条約と相互性の模索〔増補版〕』有斐閣、二〇二〇年、二七五頁。

9 Yasuhiro Izumikawa, "Network Connections and the Emergence of the Hub-and-Spokes Alliance System in East Asia," *International Security* 45: 2（Fall 2020）, p. 34.

10 松田春香「東アジア『前哨国家』による集団安全保障体制構想とアメリカの対応――『太平洋同盟』と『アジア民族反共連盟』を中心に」『アメリカ太平洋研究』五号（二〇〇五年三月）一四三頁。

11 "Memorandum of Conversation, by the Deputy to the Consultant（Allison）," January 29, 1951, *FRUS: 1951, Asia and the Pacific*, Vol. VI, Part 1, Document 487〈https://history.state.gov/historicaldocuments/frus1951v06p1/d487〉（二〇二三年六月二九日アクセス）.

12 大山梓編『山県有朋意見書』原書房、一九六六年、一九六‐二〇一頁。

13 北岡伸一『世界地図を読み直す――協力と均衡の地政学』新潮選書、二〇一九年、八〇‐八一頁。

14 井上毅伝記編纂委員会編『井上毅伝 史料篇第二』國學院大學図書館、一九六八年、六八八頁。

15 古結諒子『日清戦争における日本外交――東アジアをめぐる国際関係の変容』名古屋大学出版会、二〇一六年、一二一頁。

16 楊素霞「日露戦後における植民地経営と樺太統治機構の成立――日本政府内部の議論からみる」『社会システム研究』三二号（二〇一六年三月）三二頁。

17 庄司潤一郎「日本の南進と南洋興発――中国の太平洋進出への示唆」『NIDSコメンタリー』一一三号（二〇二〇年三月二四日）〈http://www.nids.mod.go.jp/publication/commentary/pdf/commentary113.pdf〉（二〇二三年六月一九日アクセス）二頁。

18 高橋慶吉『米国と戦後東アジア秩序――中国大国化構想の挫折』有斐閣、二〇一九年、一九頁。

19 永井陽之助『冷戦の起源――戦後アジアの国際環境Ⅱ』中公クラシックス、二〇一三年、七‐八頁。

20 柴山太『日本再軍備への道――１９４５～１９５４年』ミネルヴァ書房、二〇一〇年、二七頁。

21 佐橋亮『共存の模索――アメリカと「二つの中国」の冷戦史』勁草書房、二〇一五年、三〇頁。

22 高坂正堯「世界史を創る人びと――現代指導者論」高坂正堯著作集刊行会編『高坂正堯著作集（４）』都市出版、二〇〇〇年、二九四頁。

23 デイヴィッド・ハルバースタム（金子宣子訳）『ザ・フィフティーズ』（上）新潮社、一九九七年、二二頁。

24 村田晃嗣『大統領の挫折――カーター政権の在韓米軍撤退政策』有斐閣、一九九八年、二六頁。

25 "Memorandum by the Director of the Office of Northeast Asian Affairs（Allison）to the Director of the Policy Planning Staff（Nitze）," July 24, 1950, *FRUS: 1950, Korea*, Vol. VII, Document 349〈https://history.state.gov/historicaldocuments/frus1950v07/d349〉（二〇二三年六月二九日アクセス）.

26 太田昌克『日米「核密約」の全貌』筑摩書房、二〇一一年、六八頁。

27 ジョージ・F・ケナン（清水俊雄訳）『ジョージ・F・ケナン回顧録――対ソ外交に生きて』（上）読売新聞社、一九七三年、三七一頁。

28 "Report by the Policy Planning Staff," November 6, 1947, *FRUS: 1947, General; The United Nations*, Vol. I, Document 393 〈https://history.state.gov/historicaldocuments/frus1947v01/d393〉（二〇二三年六月二九日アクセス）; "Memorandum by the Director of the Policy Planning Staff (Kennan)," July 6, 1949, *FRUS: 1949, The Far East: China*, Vol. IX, Document 402 〈https://history.state.gov/historicaldocuments/frus1949v09/d402〉（二〇二三年六月二九日アクセス）.

29 高橋『米国と戦後東アジア秩序』二〇八－二〇九頁。

30 陸戦史研究普及会編『陸戦史集（23）朝鮮戦争（7）―国連軍の再反攻』原書房、一九七二年、一〇頁。

31 兼原信克『戦略外交原論』日本経済新聞出版社、二〇一一年、四二、五二、七六、三九二、三九六、四二八頁。

32 吉田茂『世界と日本』番町書房、一九六三年、一四八頁。

33 "Letter From the Ambassador in Japan (MacArthur) to the Secretary of State," May 25, 1957, *FRUS: 1955–1957, Japan*, Vol. XXIII, Part 1, Document 159 〈https://history.state.gov/historicaldocuments/frus1955-57v23p1/d159〉（二〇二三年六月二九日アクセス）.

34 「総理訪米（韓国問題）の件」（一九六一年六月二〇日）『オンライン版 宮澤喜一関係文書』〈https://j-dac.jp/miyazawa/index.html〉（二〇二三年六月一九日アクセス）。

35 木宮正史『日韓関係史』岩波新書、二〇二一年、二〇一頁。

36 いわゆる「密約」問題に関する有識者委員会「いわゆる『密約』問題に関する有識者委員会報告書」（二〇一〇年三月九日）〈https://www.mofa.go.jp/mofaj/gaiko/mitsuyaku/pdfs/hokoku_yushiki.pdf〉（二〇二〇年一月二八日アクセス）五〇－五一頁。

37 五味洋治『朝鮮戦争は、なぜ終わらないのか』創元社、二〇一七年、二五四－二五五頁。

38 「『光復節』記念式典の尹錫悦大統領演説全文」『聯合ニュース』（日本語版サイト）二〇二三年八月一五日付〈https://jp.yna.co.kr/view/AJP20230815002200882〉（二〇二三年一一月一六日アクセス）。

39 成田千尋『沖縄返還と東アジア冷戦体制―琉球／沖縄の帰属・基地問題の変容』人文書院、二〇二〇年、二八八頁。

40 ヴィクター・D・チャ（船橋洋一監訳・倉田秀也訳）『米日韓 反日を超えた提携』有斐閣、二〇〇三年、二六五頁。

41 小林聡明「沖縄返還をめぐる韓国外交の展開と北朝鮮の反応」竹内俊隆編著『日米同盟論―歴史・機能・周辺諸国の視点』ミネルヴァ書房、二〇一一年、三四〇－三四五頁。

42 成田『沖縄返還と東アジア冷戦体制』二七四－二七五頁。

43 「1969年佐藤総理・ニクソン大統領会談に至る沖縄返還問題」（一九六九年一一月一五日）『データベース「世界と日本」』〈https://worldjpn.net/documents/texts/JPUS/19691215.O1J.html〉（二〇二三年六月一九日アクセス）。

44 「沖縄返還問題に関する愛知大臣・マイヤー米大使会談」（一九六九年七月一七日）『データベース「世界と日本」』〈https://worldjpn.net/documents/texts/JPUS/19690717.O1J.html〉（二〇二三年六月一九日アクセス）。

45 石原雄介「検証『瓶の蓋』論―1970年代初頭日米中三国間の議論と不一致」『安全保障戦略研究』三巻二号（二〇二三年

三月）二三二－二三三頁。

46 "Memorandum of Conversation," July 10, 1971, *FRUS: 1969–1976*, Vol. XVII, China, 1969–1972, Document 140〈https://history.state.gov/historicaldocuments/frus1969-76v17/d140〉（二〇二三年六月二九日アクセス）.

47 "Memorandum of Conversation," February 22, 1972, National Archives, Nixon Presidential Materials Project, White House Special Files, President's Office Files, box 87, Memoranda for the President Beginning February 20, 1972〈https://nsarchive2.gwu.edu/NSAEBB/NSAEBB106/NZ-1.pdf〉（二〇二三年六月二九日アクセス）.

48 「日本政府が『台湾条項』に対する統一見解」（一九七二年一一月八日）『データベース「世界と日本」』〈https://worldjpn.net/documents/texts/JPCH/19721108.O1J.html〉（二〇二三年一〇月六日アクセス）。

49 栗山尚一『戦後日本外交―軌跡と課題』岩波書店、二〇一六年、一一八－一一九頁。

50 『日本経済新聞』二〇二三年一〇月六日付。

51 『防衛白書』二〇二三年版〈https://www.mod.go.jp/j/press/wp/wp2023/html/n320502000.html〉（二〇二三年一一月一六日アクセス）。

52 明田川融『日米地位協定―その歴史と現在』みすず書房、二〇一七年、二四八－二四九頁、山本章子『日米地位協定―在日米軍と「同盟」の70年』中公新書、二〇一九年、二〇五頁。

53 外務省「日米地位協定Q＆A」〈https://www.mofa.go.jp/mofaj/area/usa/sfa/qa.html〉（二〇二四年一月四日アクセス）。

54 船橋洋一『地経学とは何か』文春新書、二〇二〇年、一〇〇頁。

55 『日本経済新聞』二〇二三年八月一五日付夕刊。

56 『日本経済新聞』二〇二三年二月四日付。

57 Mark F. Cancian, Matthew Cancian, and Eric Heginbotham, *The First Battle of the Next War: Wargaming a Chinese Invasion of Taiwan* (D.C.: Center for Strategic and International Studies, 2023), p. 83.

58 真部朗「台湾シナリオと防衛政策決定における日本の課題」森本敏・小原凡司編『台湾有事のシナリオ―日本の安全保障を検証する』ミネルヴァ書房、二〇二二年、三〇一頁。

59 ボニー・グレイザー「台湾への関与強める米国の戦略」『外交』Vol. 57（二〇一九年九・一〇月）二四頁。

60 太田昌克・兼原信克・高見澤將林・番匠幸一郎『核兵器について、本音で話そう』新潮新書、二〇二二年、一一一頁。

61 Markus Garlauskas, "The United States and Its Allies Must Be Ready to Deter a Two-Front War and Nuclear Attacks in East Asia," August 16, 2023〈https://www.atlanticcouncil.org/in-depth-research-reports/report/the-united-states-and-its-allies-must-be-ready-to-deter-a-two-front-war-and-nuclear-attacks-in-east-asia/〉（二〇二三年一〇月六日アクセス）.

第2章

1 防衛省防衛研究所戦史研究センター編『オーラル・ヒストリー 日本の安全保障と防衛力（5）―村木鴻二』防衛省防衛研究所、二〇一九年、八五頁。

2 "Joint Military Planning," October 19, 1974, 00094, Japan and the United States: Diplomatic, Security, and Economic Relations, Part II, 1972-1992, National Security Archive（D.C.）.

3 板山真弓『日米同盟における共同防衛体制の形成―条約締結から「日米防衛協力のための指針」策定まで』ミネルヴァ書房、二〇二〇年、一二一－一二四頁。

4 西野純也「朝鮮半島と太平洋軍」土屋大洋編著『アメリカ太平洋軍の研究―インド・太平洋の安全保障』千倉書房、二〇一八年、一〇八頁。

5 U.S. Joint Chiefs of Staff, *Joint Publication 1: Doctrine for the Armed Forces of the United States*, March 25, 2013, p. II-23, 〈https://www.jcs.mil/Portals/36/Documents/Doctrine/pubs/jp1_ch1.pdf〉（二〇二三年六月二九日アクセス）.

6 土屋大洋「米国統合軍の組織と歴史―太平洋軍を中心に」土屋編著『アメリカ太平洋軍の研究』二頁。

7 磯部晃一『トモダチ作戦の最前線―福島原発事故に見る日米同盟連携の教訓』彩流社、二〇一九年、一二七頁。

8 *Joint Publication 3-16: Multinational Operations*, March 1, 2019, p. II-7, 〈https://www.jcs.mil/Portals/36/Documents/Doctrine/pubs/jp3_16.pdf〉（二〇二三年七月四日アクセス）。

9 "CINCFE to Department of Army, C52588," July 26, 1952, 石井修・植村秀樹監修『アメリカ合衆国対日政策文書集成 アメリカ統合参謀本部資料 １９４８－１９５３』（15）柏書房、二〇〇〇年、二一四－二一五頁。

10 "Administrative Agreement Between the United States of America and Japan to Implement Provisions of the Agreement They Have Entered into for Collective Defense,"「平和条約の締結に関する調書Ⅳ」、外務省、二四七頁〈https://www.mofa.go.jp/mofaj/annai/honsho/shiryo/archives/pdfs/heiwajouyaku2_06.pdf〉（二〇二三年六月一九日アクセス）。

11 「第12回非公式会談要録」（一九五二年二月一八日）「調書Ⅷ」三二九－三三一頁〈https://www.mofa.go.jp/mofaj/annai/honsho/shiryo/archives/pdfs/heiwajouyaku5_16.pdf〉（二〇二三年六月一九日アクセス）。

12 "CINCFE to Department of Army, CX 68274," May, 10, 1952, 石井・植村監修『アメリカ合衆国対日政策文書集成 アメリカ統合参謀本部資料 １９４８－１９５３』（15）六六頁。

13 柴山『日本再軍備への道』四二五頁。

14 松本はる香「第一次台湾海峡危機をめぐる大陸沿岸諸島の防衛問題の変遷―『蔣介石日記』および台湾側一次史料による分析」『アジア経済』五八巻三号（二〇一七年九月）三〇頁。

15 Commander in Chief, Pacific Command, *CINCPAC Command History, 1974*, Vol. I, pp. 54-55. 我部政明「米韓合同軍司令部の設置―同盟の中核」菅英輝編著『冷戦史の再検討―変容する秩序と冷戦の終焉』法政大学出版局、二〇一〇年、一八五－一九二頁。
16 *CINCPAC Command History, 1975*, Vol. I, pp. 48-49.
17 "National Security Decision Memorandum 251," March 29, 1974, p. 2, Federation of American Scientists 〈https://fas.org/irp/offdocs/nsdm-nixon/nsdm_251.pdf〉（二〇二三年六月二九日アクセス）.
18 防衛省防衛研究所戦史研究センター編「石津節正オーラル・ヒストリー」『オーラル・ヒストリー 冷戦期の防衛力整備と同盟政策（3）』防衛省防衛研究所、二〇一四年、九三－九五頁。
19 板山『日米同盟における共同防衛体制の形成』一九八－一九九頁。
20 Institute for Military History, *The History of the ROK-US Alliance 1953-2013* (Seoul: Institute for Military History, Ministry of National Defense, ROK, 2014), p. 165.
21 春原剛『同盟変貌─日米一体化の光と影』日本経済新聞出版社、二〇〇七年、二三八、二四二頁。
22 春原剛『在日米軍司令部』新潮社、二〇〇八年、二一二－二一五頁。
23 春原『在日米軍司令部』二〇九－二一〇頁。
24 倉田秀也「米韓『未来連合司令部』構想とトランプ政権─変則的指揮体系の可能性と限界」『外交』Vol. 54（二〇一九年三・四月）一〇五頁。
25 平和・安全保障研究所「危機に抗して国家の総合力を発揮できる安全保障戦略─大国間競争の最前線における日本の選択」（二〇二二年七月）一六－一七頁〈https://www.rips.or.jp/jp/wp-content/uploads/2022/07/0701b8bc11476e8e94164d09e8058558-1.pdf〉（二〇二三年六月一九日アクセス）。
26 『日本経済新聞』二〇二三年八月六日付。
27 『産経新聞』二〇二二年一二月一七日付。
28 岩田清文・武居智久・尾上定正・兼原信克『自衛隊最高幹部が語る令和の国防』新潮新書、二〇二一年、一二〇－一二三頁。
29 『中央日報』（日本語版サイト）二〇二三年九月二六日付。
30 村野「平和安全法制後の朝鮮半島有事に備えて」九〇頁。
31 真部「台湾シナリオと防衛政策決定における日本の課題」三〇五－三〇六頁。

第3章

1 西原正監修・朝雲新聞社出版業務部編『わかる平和安全法制─日本と世界の平和のために果たす自衛隊の役割』朝雲新聞社、二〇一五年。
2 安全保障の法的基盤の再構築に関する懇談会「報告書」（二〇〇八年六月二四日）一五頁。
3 小谷哲男「台湾海峡有事シミュレーション：概要と評価」（二〇二三年三月三〇日）〈https://www.jiia.or.jp/research-report/

security-fy2022-04.html〉（二〇二三年六月一九日アクセス）。

4 久江雅彦『9・11と日本外交』講談社現代新書、二〇〇二年、八九頁。

5 竹内行夫『外交証言録—高度成長期からポスト冷戦期の外交・安全保障—国際秩序の担い手への道』岩波書店、二〇二二年、四二二－四二三頁。

6 防衛省防衛研究所戦史研究センター編『オーラル・ヒストリー 日本の安全保障と防衛力（14）—佐藤謙』防衛省防衛研究所、二〇二四年、八五－八六頁。

7 原彬久『戦後政治の証言者たち—オーラル・ヒストリーを往く』岩波書店、二〇一五年、二〇八－二〇九頁。

8 春原『同盟変貌』六六頁。

9 読売新聞政治部編著『安全保障関連法—変わる安保体制』信山社、二〇一五年、一五三－一五四頁。

10 この点については、鶴岡路人氏（慶應義塾大学准教授）からご教示いただいた。

11 神保謙「外交・安全保障 戦略性の追求」アジア・パシフィック・イニシアティブ『検証 安倍政権—保守とリアリズムの政治』文春新書、一六七頁。

12 木村草太「安保法案のどこに問題があるのか」長谷部恭男編『検証・安保法案—どこが憲法違反か』有斐閣、二〇一五年、一四頁。

13 森聡「平和安全法制における法的事態とその認定について」「安全保障政策のリアリティ・チェック—新安保法制・ガイドラインと朝鮮半島・中東情勢」研究プロジェクト安全保障政策研究会『安全保障政策のリアリティ・チェック』日本国際問題研究所、二〇一七年、一八－一九頁。

14 西原正『「吉田ドクトリン」を越えて—冷戦後日本の外交・防衛を考える』内外出版、二〇二二年、一八九頁。

第4章

1 千々和泰明『戦争はいかに終結したか—二度の大戦からベトナム、イラクまで』中公新書、二〇二一年。

2 篠田英朗『憲法学の病』新潮新書、二〇一九年、九四頁。

3 バートン・バーンスタイン「検証 原爆投下決定までの三百日」『中央公論』一三一八号（一九九五年二月）四〇〇頁。

4 Barton J. Bernstein, "Syngman Rhee: The Pawn as Rook: The Struggle to End the Korean War," *Bulletin of Concerned Asian Scholars* 10: 1 (January-March 1978), p. 40.

5 Nguyen Tien Hung and Jerrold L. Schecter, *The Palace File* (New York: Harper & Row, 1986), pp. 88-89, 105.

6 ウィリアム・シャイラー（井上勇訳）『フランス第三共和制の興亡（2）—1940年、フランス没落の探究』東京創元社、一九七一年、三五九－三六一、四〇五頁。

7 P・カルヴォコレッシー、G・ウィント、J・プリチャード（八木勇訳）『トータル・ウォー—第二次世界大戦の原因と経過

（上）西半球編』河出書房新社、一九九一年、四二七頁。

8　村野将「北朝鮮のセオリー・オブ・ビクトリーを支える核・ミサイル能力の向上」日本の抑止力とアジアの安定研究会『日本の抑止力とアジアの安定を考える』ＰＨＰ総研、二〇二一年、一八－二〇頁。

9　村野「北朝鮮のセオリー・オブ・ビクトリーを支える核・ミサイル能力の向上」二〇頁。

10　Cancian, et al., *The First Battle of the Next War*, p. 4.

11　Cancian, et al., *The First Battle of the Next War*, pp. 87-88, 120.

12　『日本経済新聞』二〇二三年二月二四日付。

13　Cancian, et al., *The First Battle of the Next War*, p. 144.

14　岩田清文・武居智久・尾上定正・兼原信克『自衛隊最高幹部が語る台湾有事』新潮新書、二〇二二年、一六六－一六七頁。

15　真山全「在外自国民保護の国際法上の評価」武田康裕編著『在外邦人の保護・救出—朝鮮半島と台湾海峡有事への対応』東信堂、二〇二一年、七八頁。

16　黒﨑将広「台湾シナリオとグレーゾーン事態の国際法—日中共同声明の制約と域外サイバー行動の法的課題」森本・小原編『台湾有事のシナリオ』二五三頁。

17　松岡完『ベトナム戦争—誤算と誤解の戦場』中公新書、二〇〇一年、四三頁。

18　Steven Rosen, "War Power and the Willingness to Suffer," in Bruce M. Russett ed., *Peace, War, and Numbers* (Beverly Hills: Sage Publications, 1972).

19　Marilyn B. Young, *The Vietnam Wars 1945-1990* (NY: HarperCollins, 1991), p. 172.

20　W・S・チャーチル（佐藤亮一訳）『第二次世界大戦』（2）河出書房新社、一九八三年、八五－八八頁。

21　"Draft Memorandum from Secretary of Defense McNamara to President Johnson," June 12, 1967, *FRUS: 1964-1968, Vietnam*, Vol. V, p. 481.

第5章

1　太田『日米「核密約」の全貌』二五〇－二五一頁。

2　ブラッド・ロバーツ（村野将監訳・解説）『正しい核戦略とは何か—冷戦後アメリカの模索』勁草書房、二〇二二年、一一一頁。

3　田中明彦『安全保障—戦後50年の模索』読売新聞社、一九九七年、二二二頁。

4　「いわゆる『密約』問題に関する有識者委員会報告書」六七頁。

5　"Telegram from the Embassy in Japan to the Department of State," December 29, 1964, *FRUS: 1964-1968*, Vol. XXIX, Part 2, Japan, Document 37 〈https://history.state.gov/historicaldocuments/frus1964-68v29p2/d37〉（二〇二三年六月二九日アクセ

ス）。

6 "Memorandum of Conversation," January 12, 1965, *FRUS: 1964-1968*, Vol. XXIX, Part 2, Japan, Document 41 〈https://history.state.gov/historicaldocuments/frus1964-68v29p2/d41〉（二〇二三年六月二九日アクセス）.

7 木宮『日韓関係史』八九頁。

8 五十嵐隆幸『大陸反攻と台湾―中華民国による統一の構想と挫折』名古屋大学出版会、二〇二一年、一七三頁。

9 板山『日米同盟における共同防衛体制の形成』七一頁。

10 岡本行夫『危機の外交 岡本行夫自伝』新潮社、二〇二二年、一五九―一六〇頁。

11 岸俊光「『灰色の領域』最終回 公文書が伝えない証言の重み 毎日新聞取材班がのこしたもの」『アジア時報』五七八号（二〇二二年七・八月）四七―四八頁。

12 中島琢磨「『灰色の領域』（4）高橋通敏・外務省元条約局長―米国の核の傘と非核三原則の交差点」『アジア時報』五四二号（二〇一八年一二月）三六、三九―四〇頁。

13 岸「『灰色の領域』最終回」四九頁。

14 外務省安全保障課「核兵器の持ち込みに関する事前協議の件」（昭和三八年四月一三日）〈https://www.mofa.go.jp/mofaj/gaiko/mitsuyaku/pdfs/t_1960kaku.pdf〉（二〇二三年六月二九日アクセス）。

15 "Telegram from Tokyo to Secretary of State," April 4, 1963, NSA 〈https://nsarchive2.gwu.edu/nukevault/ebb291/doc03.pdf〉（二〇二三年六月二九日アクセス）.

16 「装備の重要な変更に関する事前協議の件」（一九六八年一月二七日）『データベース「世界と日本」』〈https://worldjpn.net/documents/texts/JPUS/19680127.O1J.html〉（二〇二三年六月二一日アクセス）。

17 「いわゆる『密約』問題に関する有識者委員会報告書」四六頁。

18 飯山雅史「交渉当事者・マッカーサー元駐日大使の証言 日本は『核密約』を明確に理解していた」『中央公論』一二四巻一二号（二〇〇九年一二月）一七八―一七九頁。

19 栗山尚一著、中島琢磨・服部龍二・江藤名保子編『外交証言録―沖縄返還・日中国交正常化・日米「密約」』岩波書店、二〇一〇年、二一九頁。

20 佐藤行雄『差し掛けられた傘―米国の核抑止力と日本の安全保障』時事通信社、二〇一七年、三一〇―三一一頁。

21 鶴岡路人「NPRへの視点（2）―非戦略核、核の前方展開」『NIDSコメンタリー』一一号（二〇一〇年五月二四日）〈http://www.nids.mod.go.jp/publication/commentary/pdf/commentary011.pdf〉（二〇二三年六月二一日アクセス）。

22 『朝日新聞』一九八五年三月一六日付。

23 "National Security Decision Memorandum," No. 13, May 28, 1969, NSA 〈http://www.gwu.edu/~nsarchiv/japan/okinawa/oki4_a.htm〉（二〇二三年六月二一日アクセス）.

24 中島琢磨『沖縄返還と日米安保体制』有斐閣、二〇一二年、二六六、二七二－二七三頁。
25 「いわゆる『密約』問題に関する有識者委員会報告書」七九頁。
26 中島『沖縄返還と日米安保体制』二七五頁。
27 「衆議院議員松本善明君提出安保条約と防衛問題等に関する質問に対する答弁書」（昭和四四年四月八日）〈https://www.shugiin.go.jp/internet/itdb_shitsumona.nsf/html/shitsumon/b061002.htm〉（二〇二四年一月二七日アクセス）。
28 中島『沖縄返還と日米安保体制』二七二－二七八頁。
29 中島『沖縄返還と日米安保体制』二七七頁。
30 波多野澄雄『歴史としての日米安保条約—機密外交記録が明かす「密約」の虚実』岩波書店、二〇一〇年、二五三頁。
31 小林聡明「沖縄返還をめぐる韓国外交の展開と北朝鮮の反応」竹内俊隆編『日米同盟論—歴史・機能・周辺諸国の視点』ミネルヴァ書房、二〇一一年、三四二頁。
32 小林「沖縄返還をめぐる韓国外交の展開と北朝鮮の反応」三四三－三四四頁、崔慶原『冷戦期日韓安全保障関係の形成』慶應義塾大学出版会、二〇一四年、八五頁。
33 小林「沖縄返還をめぐる韓国外交の展開と北朝鮮の反応」三五一頁。
34 Kenneth P. Werrell, *The Evolution of the Cruise Missile* (Maxwell: Air University Press, 1985), p. 112.
35 元山仁士郎「米中接近における沖縄ファクターの検討—米国の対中作戦計画と中国の不干渉」『国際政治』二〇九号（二〇二三年三月）八七頁。
36 石井修「ニクソン政権の核戦略」『一橋法学』一三巻一号（二〇一四年三月）七－八頁。
37 太田『日米「核密約」の全貌』五〇頁。
38 Robert S. Norris, William M. Arkin, and William Burr, "Where They Were," *Bulletin of the Atomic Scientists* 55: 6 (November 1999), p. 29.
39 Norris, et. al., "Where They Were," p. 29.
40 Norris, et. al., "Where They Were," p. 30.
41 太田『日米「核密約」の全貌』六八頁。
42 "National Security Study Memorandum 5: Japan Policy," April 28, 1969, pp. 23-24, 01061, Japan and the United States: Diplomatic, Security, and Economic Relations, Part I: 1960-1976, NSA.
43 U・アレクシス・ジョンソン（増田弘訳）『ジョンソン米大使の日本回想—二・二六事件から沖縄返還・ニクソンショックまで』草思社、一九八九年、一六〇頁。
44 村野将「米中『相互確証破壊』時代の到来—日本に高まる『核の脅し』のリスク」『フォーサイト』（二〇二三年二月一〇日）。
45 後瀉桂太郎「欧州とアジアにおける『核の閾値』—非戦略核をめぐる思考実験」岩間陽子編『核共有の現実—NATOの経験

と日本』信山社、二〇二三年、一九三頁。
46 太田『日米「核密約」の全貌』二七三－二七四、二八八－二八九、三三一－三三二頁。
47 梅本哲也『核兵器と国際政治―１９４５－１９９５』日本国際問題研究所、一九九六年、八〇頁。
48 栗山『戦後日本外交』一〇一頁。
49 “NSSM 5,” p. 23.
50 Norris, et. al., “Where They Were,” p. 34.
51 Hans M. Kristensen, Robert S. Norris, and Matthew G. McKinzie, *Chinese Nuclear Forces and U.S. Nuclear War Planning* (D.C.: Federation of American Scientists and Natural Resources Defense Council), pp. 134-135.
52 太田『日米「核密約」の全貌』三三八頁。
53 『防衛白書』二〇二三年版〈https://www.mod.go.jp/j/press/wp/wp2023/w2023_00.html〉（二〇二三年一一月一九日アクセス）。
54 後瀉「欧州とアジアにおける『核の閾値』」一九三頁。
55 高橋杉雄「日米同盟に『核共有』は必要か」『正論』六〇八号（二〇二二年五月）五三－五四頁。
56 岩間陽子「核共有と日本の安全保障」岩間編『核共有の現実』二〇五－二〇六頁。
57 後瀉「欧州とアジアにおける『核の閾値』」一九三頁。
58 後瀉「欧州とアジアにおける『核の閾値』」一九三頁。
59 ロバーツ『正しい核戦略とは何か』二四七頁。
60 岡田克也外務大臣発ヒラリー・クリントン国務長官宛書簡（二〇〇九年一二月二四日）〈https://www.mofa.go.jp/mofaj/press/kaiken/gaisho/pdfs/g_1001_01.pdf〉（二〇二三年六月二一日アクセス）。
61 田中慎吾「核付きトマホーク（ＴＬＡＭ－Ｎ）とは何か―核の傘における日米間の認識のズレとその収束」『東アジア研究』七四号（二〇二一年）二五－二六頁。
62 アンドリュー・クレピネヴィッチ（飯塚真紀子取材・構成）「米ペンタゴンが恐れる北の奇襲攻撃」『文藝春秋』九五巻九号（二〇一七年九月）一七七頁。
63 岩田・武居・尾上・兼原『自衛隊最高幹部が語る令和の国防』一四三頁。

おわりに

1 以下のシナリオでは、『防衛白書』二〇二二年版、七一頁、小谷「台湾海峡有事シミュレーション」、村野「北朝鮮のセオリー・オブ・ビクトリーを支える核・ミサイル能力の向上」二〇頁を参考にした。

本書関連事項　略年表

一八九〇（明治二三）年
三月◆山縣有朋総理が建議書「外交政略論」で「主権線」「利益線」を主張

一八九四（明治二七）〜九五（二八）年
日清戦争。日本は下関条約により台湾を割譲させる

一九〇五（明治三八）年
九月四日◆日露戦争（一九〇四〜〇五年）の講和条約であるポーツマス条約署名。東アジアにおける地域秩序「極東一九〇五年体制」が生まれる

一九四五（昭和二〇）年
八月一四日◆日本は連合国による降伏勧告「ポツダム宣言」を受諾し、第二次世界大戦が終結

一九四七（昭和二二）年
三月一二日◆トルーマン米大統領が「トルーマン・ドクトリン」を発する

一九四八（昭和二三）年
八月一五日◆大韓民国が樹立
九月九日◆朝鮮民主主義人民共和国が成立

一九四九（昭和二四）年
四月四日◆米国と西ヨーロッパ諸国及びカナダで北大西洋条約にもとづくＮＡＴＯ（北大西洋条約機構）を結成
一〇月一日◆中華人民共和国が成立。中華民国政府は一二月七日、台湾島に逃れる

一九五〇（昭和二五）年
一月一二日◆アチソン米国務長官が「アチソン・ライン」発表
六月二五日◆朝鮮戦争勃発。七月七日に米国が「朝鮮国連軍」として軍事介入、一〇月一九日に中国が義勇軍として参戦

一九五一（昭和二六）年
八月三〇日◆米比相互防衛条約にもとづき米比同盟が結ばれる
九月一日◆ANZUS条約にもとづき米国・オーストラリア・ニュージーランドの同盟を結ぶ
九月八日◆旧日米安全保障条約が署名される

一九五二（昭和二七）年
二月一九日◆国連軍地位協定に署名
二月二八日◆日米行政協定に署名（一九六〇年安保改定にともない「日米地位協定」となる）
四月二八日◆サンフランシスコ講和条約が発効。日華平和条約に署名
七月二三日◆「吉田＝クラーク秘密口頭了解」（指揮権密約）が交わされる

一九五三（昭和二八）年
七月二七日◆朝鮮戦争、休戦
一〇月一日◆米韓相互防衛条約にもとづき米韓同盟が結ばれる

一九五四（昭和二九）年
九月三日◆第一次台湾海峡危機（〜五五年五月一日）
一二月二日◆米華相互防衛条約にもとづき米台（米華）同盟が成立

一九五八（昭和三三）年
八月二三日◆第二次台湾海峡危機（〜一〇月五日）

一九五九（昭和三四）年
三月三〇日◆砂川事件について、在日米軍の駐留を憲法違反とする第一審判決（「伊達判決」。のちに最高裁判所で破棄）

一九六〇（昭和三五）年
一月六日◆「朝鮮議事録」（朝鮮密約）を取り決める
一月一九日◆日米安全保障条約改定。岸信介総理とハーター米国務長官のあいだで「岸＝ハーター交換公文」（正式名称「条約第六条の実施に関する交換公文」）が取り交わされる

二月二六日◆日本政府統一見解で、日米安保条約における「極東」の範囲を「大体において、フィリピン以北並びに日本及びその周辺の地域であって、韓国及び中華民国の支配下にある地域もこれに含まれている」と示す

一九六五（昭和四〇）年

一月一三日◆佐藤栄作総理とジョンソン米大統領の首脳会談後、共同声明で米国が日本防衛義務の遵守を再確認（拡大抑止の提供を内々に保証）

二月一〇日◆衆議院予算委員会で「三矢研究」（自衛隊の極秘の有事研究）が発覚

六月二二日◆日韓基本条約署名

一九六八（昭和四三）年

一月二七日◆外務省の東郷文彦アメリカ局安全保障課長が「装備の重要な変更に関する事前協議の件」（東郷メモ）を作成

一九六九（昭和四四）年

一一月二一日◆佐藤栄作総理とニクソン米大統領が沖縄の「核抜き・本土並み」返還に合意（佐藤＝ニクソン共同声明）

一九七二（昭和四七）年

二月二一日◆ニクソン米大統領、中国を訪問

五月一五日◆沖縄返還が実現

一〇月九日◆「第四次防衛力整備計画」（四次防）策定

一九七五（昭和五〇）年

八月五、六日◆三木武夫総理とフォード米大統領の日米首脳会談後、共同新聞発表で米による拡大抑止提供を公式に保証

一九七六（昭和五一）年

一〇月二九日◆「防衛計画の大綱」（一九七六年大綱）策定

一九七八（昭和五三）年

一一月二七日◆「日米防衛協力のための指針」（一九七八年ガイドライン）を策定

一九七九（昭和五四）年
四月一〇日◆米国で「台湾関係法」制定

一九八〇（昭和五五）年
一月一日◆米台同盟が終了

一九九三（平成五）年
第一次北朝鮮核危機（〜九四年）

一九九五（平成七）年
一一月二八日◆「防衛計画の大綱」（一九九五年大綱）策定

一九九六（平成八）年
四月一七日◆「日米安全保障共同宣言」発表

一九九七（平成九）年
九月二三日◆日本有事に加え「周辺事態」も対象に含めた「一九九七年ガイドライン」へ改定

一九九九（平成一一）年
五月二八日◆「周辺事態法」制定

二〇〇一（平成一三）年
一〇月二九日◆「対テロ特措法」制定、アフガニスタン戦争へ協力支援

二〇〇二（平成一四）年
一二月一六日◆日米間で「防衛政策見直し協議」（ＤＰＲＩ）始まる

二〇〇三（平成一五）年
六月六日◆「事態対処法」成立

七月二六日◆「イラク特措法」制定。イラク復興へ協力支援

二〇〇四（平成一六）年

一二月一〇日◆「防衛計画の大綱」（二〇〇四年大綱）策定

二〇〇六（平成一八）年

五月一日◆「在日米軍再編ロードマップ合意」により、沖縄の普天間飛行場機能を名護市辺野古崎地区に移設することなどで日米が合意

二〇〇七（平成一九）年

四月一七日◆「安全保障の法的基盤の再構築に関する懇談会」（安保法制懇）設置

二〇〇九（平成二一）年

九月一六日◆岡田克也外相が外務省に日米間の「密約」に関する調査を命じる。その後「朝鮮議事録」を外務省内で発見

二〇一〇（平成二二）年

二月一八日◆拡大抑止の維持・強化を議論する「日米拡大抑止協議」（ＥＤＤ）を定例化

三月九日◆「いわゆる『密約』問題に関する有識者委員会」が報告書を提出

一二月一七日◆「防衛計画の大綱」（二〇一〇年大綱）策定

二〇一三（平成二五）年

一二月一七日◆「国家安全保障戦略」「防衛計画の大綱」（二〇一三年大綱）「中期防衛力整備計画」から成る「安保三文書」を策定

二〇一五（平成二七）年

四月二七日◆「二〇一五年ガイドライン」を策定。「同盟調整メカニズム」（ＡＣＭ）設置を盛り込む

九月一九日◆平和安全法制を制定。周辺事態法を「重要影響事態法」に改正

二〇一八（平成三〇）年

一二月一八日◆「防衛計画の大綱」（二〇一八年大綱）策定

二〇二二（令和四）年

一二月一六日◆「国家安全保障戦略」「国家防衛戦略」「防衛力整備計画」から成る「安保三文書」を策定

新潮選書

日米同盟《にちべいどうめい》の地政学《ちせいがく》——「5つの死角《しかく》」を問《と》い直《なお》す

著　者………………千々和泰明《ちぢわやすあき》

発　行………………2024年4月25日

発行者………………佐藤隆信
発行所………………株式会社新潮社
〒162-8711 東京都新宿区矢来町71
電話　編集部 03-3266-5611
　　　読者係 03-3266-5111
https://www.shinchosha.co.jp
シンボルマーク／駒井哲郎
装幀／新潮社装幀室
印刷所………………株式会社三秀舎
製本所………………株式会社大進堂

乱丁・落丁本は、ご面倒ですが小社読者係宛お送り下さい。送料小社負担にてお取替えいたします。価格はカバーに表示してあります。

ISBN978-4-10-603908-9 C0331